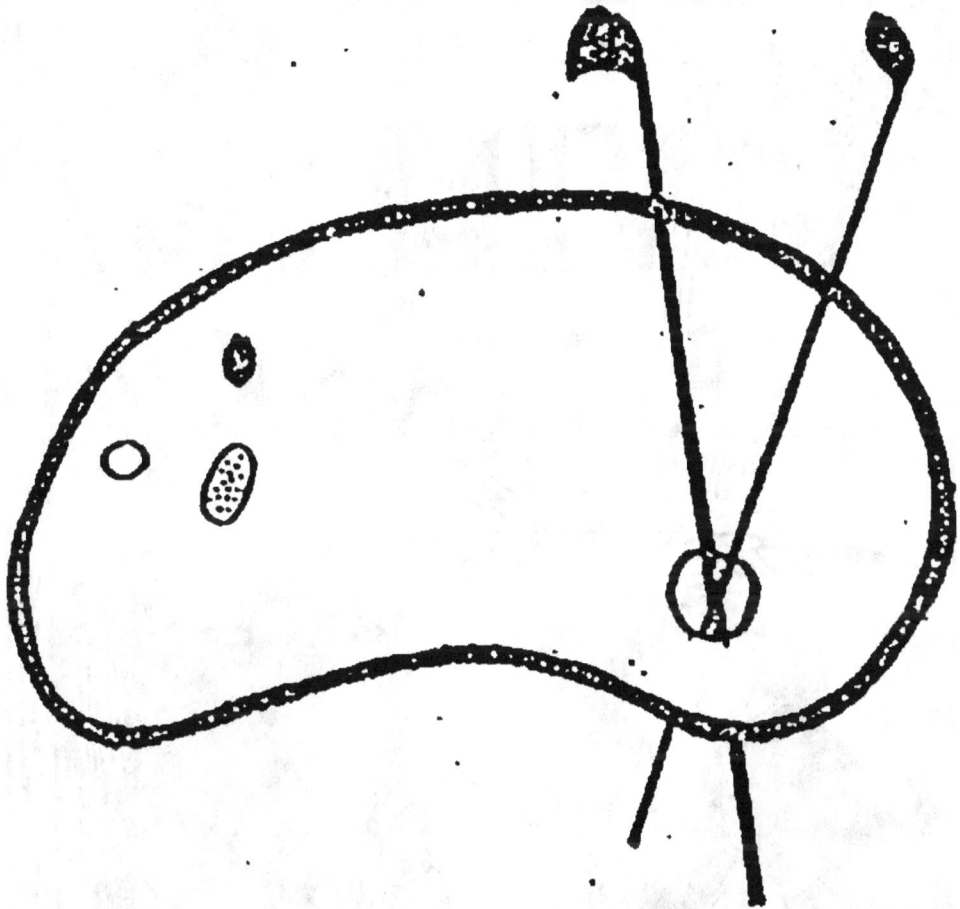

GUIDE-MANUEL

DE LA

CIVILITÉ

FRANÇAISE

Paris, LE BAILLY, éditeur, 6, rue Cardinale.

GUIDE-MANUEL

DE LA

CIVILITÉ FRANÇAISE

OU NOUVEAU CODE

DE LA POLITESSE ET DU SAVOIR-VIVRE

**

PARIS. — IMPRIMERIE Vᵉ P. LAROUSSE ET Cⁱᵉ

19, RUE MONTPARNASSE, 19

**

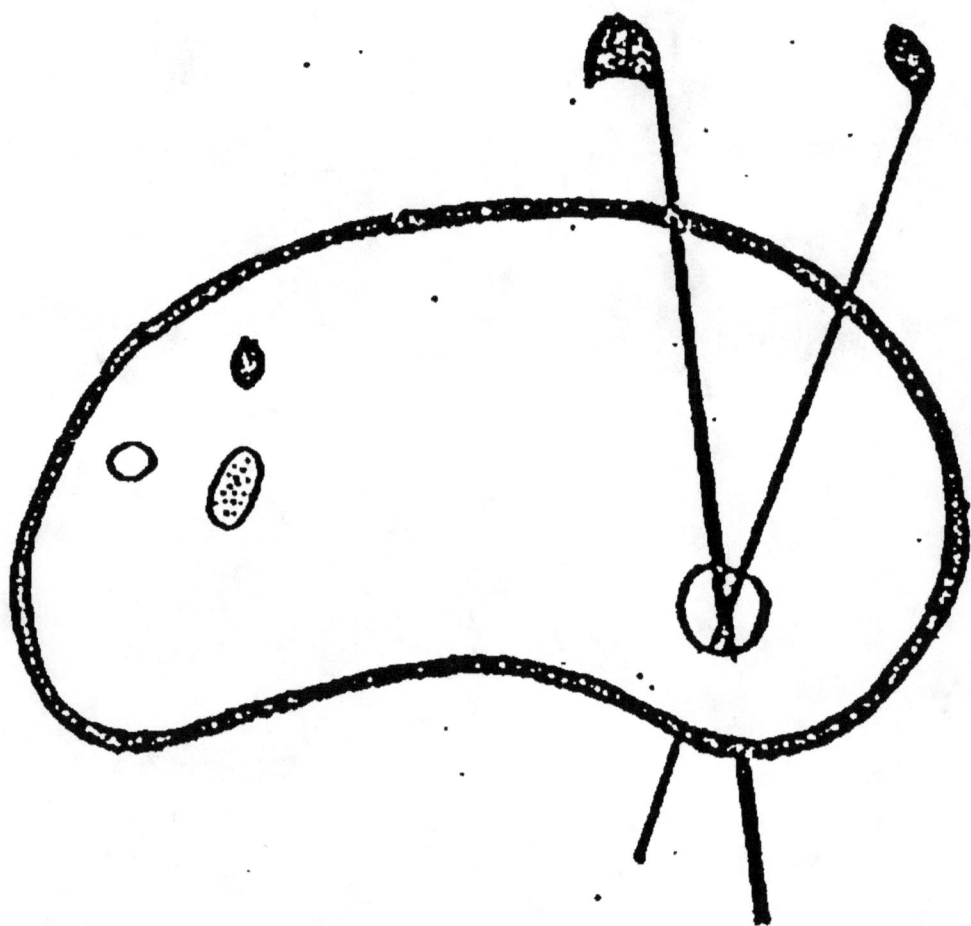

ORIGINAL EN COULEUR
NF Z 43-120-8

VISITE ET RÉCEPTION (page 45)

GUIDE-MANUEL

DE LA

CIVILITÉ FRANÇAISE

OU NOUVEAU CODE

DE LA POLITESSE ET DU SAVOIR-VIVRE

INDIQUANT

1º LA MANIÈRE DE SE CONDUIRE COMME IL FAUT
CHEZ SOI, DANS LE MONDE ET DANS TOUTES LES CIRCONSTANCES DE LA VIE ;
2º LE CÉRÉMONIAL A SUIVRE POUR LES RÉCEPTIONS,
VISITES, BALS, SOIRÉES, SPECTACLES, REPAS, MARIAGES, BAPTÊMES
ET ENTERREMENTS ;
3º LA POLITESSE ÉPISTOLAIRE ET DU LANGAGE ;
TYPES À REDOUTER ET RIDICULES A ÉVITER.

Ouvrage contenant de nombreuses anecdotes

PAR

PAUL BURANI

Et illustré de dix dessins originaux.

L·B

PARIS

LE BAILLY, LIBRAIRE-ÉDITEUR

6, RUE CARDINALE, 6

©

AVANT-PROPOS

_____

Une soirée au quartier Latin.

Comment les étudiants s'assoient. — Une réception militaire. — Idée de poète. — Une science oubliée. — Un quatrain de Voltaire et une pensée de La Bruyère. — La revue de tous les mondes. — Passez au déluge! — Les salamalecs de Noé et les génuflexions d'Adam. — La casquette de Gessler. — Le code *civil* des Chinois. — Du punch et des navets. — Le réquisitoire de l'abbé Delille. — Les péchés de l'abbé Cosson. — A l'église. — Chez les grands. — A table. — Un livre à faire. — Six semaines de vacances. — Les collaborateurs fous et l'œuvre sage.

Cela se passait dans un logement, au cinquième étage d'une maison de la rue Racine. L'École de droit, l'École de médecine, l'École des beaux-arts venaient de fermer leurs portes, comme cela a lieu annuellement, et étudiants et artistes allaient prendre leur volée de vacances.

Trois jeunes gens, trois amis, avaient, à la veille du départ, réuni quelques camarades d'atelier ou de voisinage, et l'on festoyait avant de boucler les malles pour cinq ou six semaines. Le spectacle que présentait l'unique pièce du logement où la joyeuse compagnie se trouvait réunie était des plus singuliers. On eût juré que chacun des convives avait promis de s'asseoir d'une façon différente que son voisin.

Celui-ci la chaise placée entre ses jambes, à la façon dont Napoléon Ier est parfois représenté pensif et inquiet, à la veille d'un grand combat.

Celui-là renversé en arrière sur le dossier de la chaise appuyé contre la muraille.

Un autre placé dans une position que l'on prétend être familière aux Américains : c'est-à-dire le bas des reins reposant sur le bord du siège et les pieds appuyés sur la cheminée, ce qui donne au personnage ainsi posé l'apparence d'un **V**.

Sur le canapé un quatrième est étendu.

Sur le lit même, on peut voir un groupe singulier : tandis que deux jeunes gens sont assis en travers dans la longueur de la couchette et les pieds ballants le long de la couverture, deux autres invités, juchés à chaque bout du lit, au pied et à la tête, sont assis sur le bois de lit, les pieds reposant sur le couvre-pied.

Le tapis lui-même est occupé par un rapin, qui, les jambes croisées à la turque, fume consciencieusement dans une énorme pipe allemande.

Tout à coup la porte s'ouvre et un nouveau venu paraît. C'est un élève de l'École polytechnique. À l'aspect de la tenue fantaisiste du groupe qu'il a sous les yeux, le futur officier, déjà habitué aux exigences de la discipline militaire, ne peut retenir une exclamation amicale, mais sévère.

— Dire, s'écrie-t-il, qu'il y a ici un futur magistrat, un futur médecin, sans compter les célébrités artistiques, scientifiques et littéraires que l'avenir nous réserve ; — et qu'un jour viendra où ces gens qui semblent lutter ici de mauvaise tenue et

Une soirée au quartier Latin. (Page 6.)

de mauvais genre seront cités pour leur genre parfait et leur tenue correcte.

— Présentez armes! répondit simplement l'amphitryon, celui qui avait choisi la pose américaine.

Et la folle bande aussitôt se dressant vint se ranger devant le polytechnicien, tandis que chacun, simulant des tambours qui battent aux champs, tapait ses mains l'une contre l'autre, accompagnées du bruit du clairon imité avec les lèvres.

On offrit au nouveau venu une pipe et un verre, et le tableau se transforma, c'est-à-dire que les invités changèrent de place et de posture pour en prendre de plus excentriques.

— Plains-toi maintenant de la tenue, dit le maître du logis; tu as été reçu suivant ton rang; de quoi pourrais-tu te formaliser ?

— Mais, monsieur le futur avocat général, dis-moi un peu si tu écouteras à l'audience les plaidoiries et les dépositions en te tenant ainsi les jambes en l'air.

— Mon cher, à l'audience on sera grave, compassé, raide comme un pieu, — c'est dans le programme.

— Eh bien !

— Eh bien, chaque chose en son temps : la tenue, c'est une affaire d'uniforme.

— Mais, mon bon ami, ne crains-tu pas que l'habitude du laisser-aller?...

— Allons donc ! le monde est un théâtre, et chacun de nous se mettra, quand il en sera temps, dans la peau du rôle qu'il devra y jouer; jusque-là, au diable l'usage, la tenue, le maintien et tous les traités de civilité puérile et honnête!

Le chœur applaudit avec frénésie.

Puis une idée folle passa par l'esprit d'un invité. C'était un poète, et naturellement il devait avoir de ces idées-là. On sait que le commerce des Muses prédispose aux divagations cérébrales.

— J'ai une idée.

— Une idée drôle?

— Sans doute.

On enleva, du canapé où il reposait, le nourrisson des Muses, et on le campa sur la massive table de chêne qui servait de bureau à l'étudiant en droit, locataire du logement.

— Déclame ton idée.

Et le jeune homme s'exécuta en ces termes:

— On a parlé de civilité puérile et honnête, tout à l'heure, et les haro qui ont répondu feraient croire qu'il y a ici des gens qui savent ce que c'est.

— Parbleu, tout le monde!

— Tout le monde! Eh bien, ce n'est pas vrai!... Et cette seule exclamation vous prouve que personnellement j'ignore aussi complètement cet ouvrage que les entrechats de l'Académie de musique.

— Où veux-tu en venir? lui demanda-t-on de divers côtés.

— A vous faire avouer que vous avez étudié Quinte-Curce, Tite-Live, Horace, Virgile; ceux-là Barthole et Cujas, ceux-ci Broussais et Cuvier, les autres Copernic et Galilée; enfin Praxitèle a ici des continuateurs et Michel-Ange des émules; eh bien, faites comme moi votre *meâ-culpâ*, vous ne savez pas ce que c'est que la politesse!

Il fallut bien avouer que ce qu'on appelle les

usages du monde, sans leur être inconnus, n'avaient été pour eux l'objet d'aucune étude.

Et la discussion s'engagea bruyante.

Un bachelier cita Voltaire :

> La politesse est à l'esprit
> Ce que la grâce est au visage ;
> De la bonté du cœur elle est la douce image,
> Et c'est la bonté qu'on chérit.

L'étudiant en droit cita Duclos et La Bruyère.

« La politesse, dit le premier, est l'expression ou l'imitation des vertus sociales. »

« L'esprit de politesse, dit le second, est une certaine attention à faire que, par nos paroles et nos manières, les autres soient contents de nous et d'eux-mêmes. »

Le rapin, qui était fort joli garçon, ajouta, et c'était de son cru :

— La politesse, c'est l'envie de plaire. C'est une avance que l'on fait aux gens que l'on veut gagner.

— Donc c'est un masque, observa son voisin.

— Si ce masque vous fait aimer, masquez-vous : il vaut mieux être aimé que haï.

Le polytechnicien prit la parole :

— Je crois, moi, que la politesse est une sorte de franc-maçonnerie qui fait se reconnaître entre eux les gens de bonne compagnie, ceux qui pensent, qui sentent, qui vivent de même.

Et il entra dans un développement original. Il peignit le monde en général comme un adversaire puissant, contre lequel il faut être armé et en garde.

— L'égalité, dit-il, est dans nos mœurs, mais seulement l'égalité de l'intelligence ; aujourd'hui les castes et le rang ont disparu, et l'on peut partir du plus bas pour atteindre au plus haut ; mais il faut avoir la volonté puissante, le bras fort et l'œil vigilant ; et parfois l'obstacle, la petite pierre qui fait rouler l'équipage dans l'ornière, c'est ce savoir-vivre, que l'on n'apprend pas, que l'on dédaigne même et qui manque à celui qui croyait tout savoir et tout posséder.

Le fabuliste a écrit là-dessus une historiette plaisante : il s'agit du geai et des plumes de paon dont il se pare gauchement.

Savoir s'habiller et prendre les plumes qui conviennent au monde que l'on fréquente est une étude qui demande une attention sérieuse, particulièrement à notre époque, où les mondes sont aussi nombreux que les quartiers, que les rues, que les maisons, que les étages.

Le monde officiel, où la naissance, moins que le mérite, aujourd'hui donne accès.

Le monde des plaisirs, où le luxe, la vanité, les grimaces de l'hôtel de Rambouillet et les minauderies de la Régence tendent à faire la loi. Les saisons balnéaires, les soirées d'opéra sont les champs clos de ces quelques inutiles blasonnés et précieuses titrées.

Le monde du barreau, la magistrature, qui s'habille de noir comme le page de Mᵐᵉ de Marlborough et paraît, même en famille, rendre des arrêts... et jamais de services.

Le monde savant, qui parle sanscrit ou cymrique ; le demi-monde, qui parle javanais.

Le monde de la Bourse et de l'agiot : c'est l'an-

cienne bourgeoisie de 1830. On joue au grand
monde, mais on en ignore la simplicité.

Il y a encore le monde du noble faubourg... On
prétend que, dans certains hôtels, on en est toujours à la poudre à la maréchale... « On n'a rien
oublié, mais on n'a rien appris. »

Puis le monde militaire... Question de hiérarchie : — la considération se mesure à l'épau-
lette.

Le monde théâtral..., où l'on singe tous les autres mondes, — et plus particulièrement le demi,
— mais qui a conservé le monopole de l'esprit,
de la gaieté, du plaisir.

Il y a bien notre monde à nous, le monde étudiant; mais le *Manuel du bon ton*, à la Closerie
ou dans les caboulots, est remplacé par des pipes
que l'on culotte, des chopes que l'on vide et des
étudiantes... qui barrent la route de l'école.

Et le monde de la boutique, avec les parties de
campagne ou les « festins » d'arrière-magasin,
dans lesquels les types d'Henri Monnier et de
Paul de Kock sont et seront éternellement réels.

Enfin, le monde ouvrier, où tout se fait et dit à
la bonne franquette. Cœur et bras solides; éducation élémentaire, mais honnête et droite; ne vous
tendant pas, avec des manières, le bout des doigts,
mais vous brisant le poignet dans une étreinte
pour vous prouver l'amitié solide qu'il ressent.

Comme on le voit, il y a des mondes de tous les
genres et de toutes les couleurs; pour naviguer
dans chacun d'eux, il faut avoir le pied marin et
en avoir sérieusement étudié la carte.

Un hourra formidable accueillit cette tirade
humoristique et non dénuée de vérité.

— Jean-Jacques Rousseau, commença le bachelier déjà nommé.

— Au déluge! au déluge! vociféra l'assemblée,
à la façon du juge de *Maître Patelin*.

— J'y arrive, répondit avec un magnifique
sang-froid l'interpellé. Il ne faut pas croire qu'au
temps du déluge on ne savait pas ce que c'était
qu'ôter son couvre-chef devant un supérieur.

Le rire s'égrena parmi les jeunes gens sur tous
les tons de la gamme.

— Vous croyez que Noé n'eut pas la civilité de
reconduire jusqu'à la porte de son domicile l'ange
qui lui venait annoncer la volonté de Dieu?

— Bravo! Bravo! hurla l'auditoire parfaitement
battu.

— Mais l'histoire hébraïque est pleine de ces
détails-là : Dieu chasse Adam et Eve du paradis terrestre, et Adam et Eve, en gens bien appris, s'inclinent devant le maître divin qui leur donne congé.
Aujourd'hui, c'est encore de cette façon, en s'in-
clinant jusqu'à terre, en fléchissant le genou jusqu'à trois fois, que les ambassadeurs asiatiques présentent leurs lettres de rappel aux souverains.

L'enthousiasme devenait du délire.

— Les Grecs, les Romains, — poursuivait l'orateur visiblement flatté de son succès, — les Grecs,
les Romains, d'une civilisation si exquise, ces peuples qui donnèrent des lois au monde, avaient un
tel souci de l'étiquette qu'ils firent des lois pour
régler les cérémonies et les costumes des grands,
des patriciens et du peuple. La casquette de Gessler, que le citoyen Guillaume Tell refuse de saluer,
avait un tas de précédents dans les statues des
empereurs et des dieux auxquelles il fallait rendre

un honneur public... Et les Chinois, donc!...

— Ah! oui, parlons des Chinois...

— Vive la mère Moreaux! cria un loustic.

L'orateur le regarda avec un dédain parfait.

— J'ai lu quelque part, dit-il gravement, que les Chinois, avant que l'Europe se doutât de leur existence, avaient inventé l'imprimerie, la boussole, la poudre à canon... et l'art de se maquiller... Ils ont été plus précoces encore : ils ont publié un véritable code de la politesse.

— Ils auraient pu l'appeler le code civil, exclama le même loustic.

— Un abbé, qui a fait de la Chine une étude plus sérieuse que mon interrupteur n'en a fait du Codex, l'abbé de Marcy, a écrit à ce propos :

« Le gouvernement chinois s'est toujours appliqué à maintenir, non seulement à la cour et parmi les grands, mais parmi le peuple même, une certaine habitude de civilité et de bienséance.

» Les Chinois ont une infinité de livres composés sur ce sujet; un de ces traités contient plus de trois mille articles. Tout y est marqué dans le plus grand détail : la manière de saluer, de se visiter, de se faire des présents, d'écrire des lettres, de donner à manger; ces usages ont force de loi, personne n'ose s'en dispenser. Il y a un tribunal spécial à Pékin, dont une des principales fonctions est de veiller à toutes ces pratiques.

— Voilà une civilisation avancée! s'écria l'étudiant en droit. Si nos tribunaux français devaient connaître de tous les grossiers personnages qui encombrent les rues, bousculent les passants, insultent les femmes, les magistrats auraient de la besogne.

Pendant ce temps, le rapin avait gravement préparé un verre d'eau qu'il tendait à l'orateur ; celui-ci le repoussa noblement du geste.

— Passez-moi du punch.

— Des navets!... répondit l'officieux camarade.

A cette expression saugrenue, la compagnie fit honte à celui à qui elle n'avait pas échappé.

— J'ai dit des navets, pour apprendre à ce professeur de politesse qu'il doit s'exprimer comme on s'exprime probablement en Chine. Il faut dire : « Je vous remercie ; l'eau claire m'est contraire ; voulez-vous avoir la bonté de me donner un verre de punch ? »

Cette fois les rieurs étaient de son côté.

— En résumé, reprit l'amphitryon, nous nous sommes donné à nous-mêmes la leçon que donna sous Louis XV l'abbé Delille à l'abbé Cosson, professeur de belles-lettres au collège Mazarin.

— L'histoire, l'histoire! demanda un groupe.

— L'abbé Cosson, consommé dans l'art de l'enseignement, saturé de latin, de grec, de littérature, véritable puits de science, se croyait incapable d'une balourdise et d'une faute contre le savoir-vivre. Une querelle s'éleva entre les deux abbés sur leur connaissance de l'étiquette et des usages reçus.

Ce fut un véritable réquisitoire que fulmina le précieux traducteur de Virgile et de Milton.

Il le divisa même en plusieurs points.

A L'ÉGLISE.

« Quand vous entrez à l'église, dit l'abbé Delille, vous y saluez les personnes que vous connaissez, vous échangez des compliments; assis à votre place, vous avez quelquefois peigné vos cheveux, rajusté votre vêtement, votre chaussure, et quand on vous présente le pain bénit, vous choisissez plusieurs morceaux que vous mettez de côté pour vos connaissances. Enfin, si le besoin vous en vient, vous n'avez souci de cracher à terre. Eh bien, ce sont là toutes choses contraires à la fois au respect que vous devez à la maison de Dieu et à la compagnie qui assiste avec vous aux offices. »

L'abbé Cosson avoua ces méfaits, un peu étonné d'être si grand coupable, et l'abbé Delille poursuivit :

CHEZ LES GRANDS.

« Quand vous allez en visite chez les princes ou chez de grands personnages, vous ne prenez point garde au nombre de coups que vous heurtez à la porte, et il n'en faut heurter qu'un seul, tout doucement; vous entrez en chaise ou en carrosse dans la cour, au lieu de descendre à la porte; vous dites à l'huissier qui vous demande votre nom : annoncez *monsieur* l'abbé Cosson..., au lieu de dire simplement votre nom ; vous restez couvert dans l'antichambre. Une fois introduit, si l'idée vous vient de prendre du tabac, vous ouvrez votre tabatière sans prendre garde au rang de votre interlocuteur et vous vous croyez poli en lui offrant votre tabac; le contraire est seul autorisé.

» S'il fait froid et qu'on vous offre un siège près du feu, vous ne tardez pas ou à vous adosser à la cheminée en causant, ou à tisonner le feu pour vous distraire en écoutant causer les autres; autant de péchés contre la bonne tenue. »

L'abbé Cosson était véritablement confondu ; il avait réellement commis tous ces méfaits.

L'abbé Delille continua, implacable :

A TABLE.

« En vous mettant à table, vous prenez votre serviette et l'attachez par un coin à votre boutonnière ; or, on met sa serviette sur ses genoux. — Pour manger la soupe, vous prenez votre cuiller d'une main et la fourchette de l'autre ; or, on ne se sert jamais de la fourchette. Quand vous avez un œuf frais à manger, vous gardez la coquille sur votre assiette ; or, on casse la coquille de l'œuf qu'on a mangé ! — Vous demandez du *bouilli* au lieu de bœuf, de la volaille au lieu de poulet, oie, dindon ; on ne parle de volaille qu'à la basse-cour ; vous dites aussi du bordeaux, du champagne, au lieu de vin de Bordeaux, vin de Champagne. Vous coupez votre pain, au lieu de le rompre ; vous buvez le café dans la soucoupe au lieu de le boire dans la tasse ; vous avez répondu à l'offre d'un mets qui vous plaisait peu : *Merci ! je ne mange jamais de cela...*, ou *Il y a trop de muscade, de poivre, d'oignon*. Il ne faut jamais afficher ses répugnances, mais se laisser servir et, sans faire semblant de rien, laisser le morceau sur l'assiette, qu'à la première occasion on fait enlever. Enfin, vous saucez votre pain, vous ratissez votre assiette, vous soufflez quand le mets est trop chaud, vous rongez les os ou les cassez pour en avoir la moelle ; vous buvez le vin à deux ou trois reprises en faisant claquer la langue en signe de satisfaction, et il vous est arrivé de parler la bouche encore pleine.

Enfin, en vous levant, vous avez plié votre serviette, comme si vous pensiez qu'elle pût servir à un autre après vous ou que vous vouliez marquer le désir de revenir vous en servir. Tout cela, mon cher maître, est inconvenant et même grossier. »

Et comme le malheureux abbé Cosson faisait la plus triste mine qu'il soit, l'abbé Delille en resta là, en lui disant : « Mon cher savant, vous voyez ce que vous avez encore à apprendre. »

***

A ce rapide énoncé, les visages, tout à l'heure riants et gaiement folâtres des jeunes gens, étaient devenus peu à peu sérieux. Bien certainement chacun d'eux s'était rendu coupable de quelques-uns des oublis reprochés au professeur du collège Mazarin.

L'un d'eux se hasarda à dire tout haut ce que l'on pensait tout bas.

— Il y a beaucoup de bonnes choses à apprendre quant à la manière de se conduire dans le monde, commença-t-il... Mais y a-t-il un ouvrage assez complet, assez autorisé pour faire une éducation satisfaisante? Les trois mille articles des Chinois ne me paraissent plus si extraordinaires depuis l'histoire de l'abbé Cosson.

Ce fut le polytechnicien qui répondit :

— Les traités de civilité, les manuels du bon ton et autres ouvrages *ejusdem farinæ* sont généralement incomplets et surtout mal ordonnés... Le besoin se fait vivement sentir d'un code de la politesse sérieusement tracé et non moins sérieusement composé. Nous sommes ici une demi-douzaine de fous ; voulez-vous tenter cette œuvre de sagesse ? Nous avons six semaines de vacances ; prenons des notes chez les grands parents, chez les amis, les protecteurs, et au retour nous réunirons nos découvertes.

Surtout, ajouta-t-il, soyons de notre époque : laissons aux marquis Régence leurs talons rouges et leurs perruques ; laissons aux précieuses ridicules de la cour de Versailles leurs paniers raides et leurs vertugadins. Notre siècle actif et travailleur n'a que faire des minauderies ni des formes guindées de l'ancienne étiquette !... Montrons à nos contemporains que, chez nous, l'agrément et le charme extérieurs ne doivent servir qu'à rendre attrayants et sympathiques le bon, le vrai et l'utile. Nos allures, nos manières, notre physionomie, dans toutes les circonstances de la vie, ne doivent pas être un masque hypocrite, mais l'expression sincère de la délicatesse de notre nature, le rayonnement des qualités intimes de notre cœur.

*
* *

Le projet fut adopté... Et c'est ce travail d'une société de futurs savants, médecins, avocats, artistes et écrivains de génie peut-être, que nous offrons à tous ceux qui ont le souci de posséder une bonne éducation et d'être de bonne compagnie.

PREMIÈRE PARTIE

LA POLITESSE DANS LA MAISON

I

En famille.

Un commandement de Dieu. — L'arbuste et l'arbre. — Devoirs des parents envers les enfants. — Éducation et civilité. — Une leçon manquée. — Conseils sur la tenue. — Les grands parents. — Les Spartiates et les vieillards. — Le gentilhomme de Louis XIV. — Entre mari et femme. — Une leçon d'empereur.

Dieu a cru devoir faire un commandement des égards que l'enfant doit à ses parents :

> Tes père et mère honoreras
> Afin de vivre longuement.

Mais ce respect de l'enfant pour les auteurs de ses jours doit être aussi commandé par le respect des parents.

Il faut que ce devoir émane autant du cœur que de la raison. L'amour filial inspire à la fois la confiance et le respect; le devoir est ici d'accord avec le cœur.

Un poète a dit : « L'enfance est une royauté des-

potique à qui tout cède; » mais il ne faut pas que
l'affection paternelle s'oublie et laisse prendre à
son rejeton ces allures d'enfant gâté, si déplai-
santes et parfois si funestes à celui-là même à
qui on les a laissé prendre.

Quand l'arbuste est frêle, le tuteur en a facilement raison; mais quand l'arbre a pris de la
force, rien ne peut redresser les écarts de son
tronc.

L'éducation de l'enfant demande donc toute la
vigilance et tous les soins de la famille. Il faut se
faire aimer et non se faire craindre, être plutôt indulgent que sévère et prêcher surtout
d'exemple.

Enseignez à l'enfant les avantages de la vertu
et de l'honnêteté; dites-lui de bonne heure les
grandes choses de Dieu, et apprenez à ses lèvres
innocentes à se joindre à vos prières.

Évitez tout ce qui semblerait une injustice ou
une préférence; l'enfant, même alors qu'il semble
ne pas s'en apercevoir, a l'intuition de votre indifférence. Craignez que son cœur novice et candide
ne connaisse trop tôt l'amertume et la souf-
france.

Ne corrigez jamais un enfant en le frappant; la
brutalité irrite et n'amende pas. C'est ainsi que
l'on annihile la franchise, l'affectueuse confiance
et, parfois, l'amour de ses enfants.

Évitez toute conversation pouvant donner à ces
jeunes intelligences matière à des recherches ou
à des interrogations dangereuses. Ne les rendez
jamais témoins d'altercations ou de querelles de
ménage.

Enfin, pour entrer mieux dans le cadre de cet

ouvrage, apprenez-leur de bonne heure les lois
de la politesse envers leurs parents, envers les
étrangers, envers les domestiques.

Surveillez leur langage, et faites qu'il soit cor-
rect; ne laissez personne, nourrice, voisins ou
étrangers, semer dans leur esprit les histoires ridicules de revenants. Veillez à leurs lectures et à
leurs fréquentations.

Ce sont là surtout les éléments de la bonne éducation; le reste n'est qu'un nombre de formules
faciles à retenir, quand l'esprit est juste et que le
cœur est bon.

Ne donnez point aux enfants de raisons qu'ils
puissent rétorquer contre vous.

Un enfant s'était levé fort tard; son père, pour
lui faire honte de sa paresse, lui dit : « Un homme
diligent s'étant levé de bon matin trouva une
bourse pleine de louis d'or.

— Mais, lui dit l'enfant, celui qui l'avait per-
due s'était levé encore plus matin. »

La leçon était manquée.

Le maintien et la tenue de l'enfant doivent être
dirigés de bonne heure.

Que l'enfant ait une démarche naturelle, qu'il
ne soit pas effronté, mais qu'il ne courbe pas la
tête en se voûtant le dos.

La turbulence et le besoin de mouvement sont
du jeune âge; mais il faut craindre l'excès. Dans
le salon, l'enfant ne doit pas prendre part à la
conversation, changer de place, remuer les
jambes, gesticuler, pas plus qu'il ne doit rester
droit, guindé et comme en pénitence.

Un maintien naturel, aisé, modeste est le lot
de la jeunesse.

Assis, on doit se tenir le corps droit, ne pas roiser les jambes l'une sur l'autre; ne pas mettre es pieds sur les barreaux des chaises ou les froter sur le parquet.

Habituez l'enfant à ne tenir la tête ni à droite, ni à gauche; qu'il ne réponde jamais par un igne; se gratter la tête est toujours de très mauvais goût.

Le port de la tête est surtout une étude à faire aux premiers ans de la jeune fille. Une expression penchée, langoureuse, une expression effrontée et dédaigneuse sont également peu convenables et deviennent plus tard de fâcheuses habitudes.

Le visage, interprète animé des sentiments de l'âme, ne doit pas chez l'enfant être dénaturé par des grimaces ou des contorsions. Gonfler les joues, tirer la langue, relever les paupières sont des jeux qu'il ne faut pas tolérer.

Se fourrer les doigts dans le nez, se moucher bruyamment, éternuer sans se tourner de côté, sont aussi des défauts d'éducation.

Dire : Dieu vous bénisse! à une personne qui éternue est passé de mode.

A l'époque de la peste de Florence, cette terrible maladie s'annonçait par un éternuement prolongé.

— Dieu vous bénisse! disait-on alors au malheureux qui n'avait plus que quelques heures à vivre.

Ce souhait n'ayant plus de raison d'être, on se contente aujourd'hui de saluer la personne qui éternue.

Les mains de l'enfant doivent toujours être propres. Il ne faut pas les laisser se mettre à table,

entrer au salon, ou aller en promenade sans s'être
assuré que des soins de propreté ont été donnés.

Montrer quelqu'un du doigt est une grossièreté.

L'âge doit être l'objet de tous les respects. Il faut
écouter les vieillards avec patience, même alors
qu'ils répètent un peu la même chose. A table, il
faut suivre la marche de leurs mâchoires, pour ne
pas leur faire apercevoir l'indolence de leur ap-
pétit.

Il faut aussi, autant que possible, flatter leurs
manies et éviter de contrarier leurs dernières fan-
taisies; les écouter avec faveur et éviter des discussions qui ne peuvent aboutir. Les septuagé-
naires ne changent pas; ils croient avoir et ils
ont souvent l'autorité de l'expérience, qui tient
lieu de toute science. Les Spartiates avaient fait
du respect dû à la vieillesse une loi générale, et
on voyait à Lacédémone, aux jeux Olympiques,
tous les jeunes gens se lever alors qu'un vieillard
semblait chercher une place.

Aujourd'hui, un jeune fat croit être chargé
d'amuser une compagnie, et il ne craint pas de
couper la parole à ses aînés pour débiter ses im-
pertinentes sottises.

C'était ainsi déjà sous Louis XIV. On sait la
réponse de ce vieux gentilhomme de la cour au
jeune monarque, qui lui demandait lequel il pré-
férait de son siècle ou de celui-ci :

— « Sire, dit-il, j'ai passé ma jeunesse à respecter les vieillards, et il faut que je passe ma
vieillesse à supporter les enfants. »

C'est du chef de maison qu'il dépend à la fois
que le vieillard ait le respect qui lui est dû et
l'enfant les leçons qui lui conviennent.

Le chef de maison a un collaborateur, qui est son second, son *alter ego*, — c'est sa femme.

Il est aussi, entre mari et femme, des devoirs de politesse et des égards mutuels.

Chacun d'eux doit rester aimable et aimant — comme avant le mariage. — Il faut craindre tout reproche blessant l'amour-propre, cela se guérit si difficilement ! de même que les allusions à des défauts physiques ou à des accidents irréparables.

La décence et la pudeur doivent, même dans l'intimité la plus grande, être une règle absolue.

C'est, a dit un sage, le plus beau fleuron de la couronne d'une femme.

C'est par de mutuelles concessions que la paix est assurée dans le ménage, et là où la paix règne le bonheur habite.

Le respect d'un mari pour sa femme sera à celle-ci l'assurance de la considération de tous.

Le mari parlera toujours à sa femme d'une façon polie, aimable, sans affectation ; la femme répondra par une soumission digne, une obéissance honnête.

L'homme qui parle de sa volonté et de son autorité dans l'intérieur ou devant témoins est un sot.

La femme qui brave son mari, dans l'intimité ou en public, se déconsidère elle-même.

Les époux doivent éviter les caresses trop familières devant leurs enfants, devant les domestiques et devant les étrangers. Les mystères de l'hymen, pour conserver tout leur attrait, ne doivent pas être dévoilés.

Il y a aussi un principe de pudeur dont il faut faire la règle de sa conduite.

Un empereur romain bannit de sa présence un de ses ministres qui avait embrassé trop amoureusement sa femme sur la bouche, en présence de sa fille.

Il faut être sévère envers soi pour ne pas redouter la sévérité d'autrui.

———

II

Les domestiques.

Tel maître, tel valet. — Le serviteur de M. de Talleyrand. — Grandes dames et cochers. — La reine d'Angleterre et son valet de pied. — La maîtresse et la femme de chambre. — La nourrice. — Le lard salé et c'est humiliant. — Les horloges de Montesquieu. — Les deux livres de beurre et le petit chat. — Le spiritisme sous la livrée. — Entre cochers de bonne maison.

Tel maître, tel valet! ainsi la sagesse des nations en a décidé.

Il est donc d'une grande importance pour un chef de maison de veiller à la tenue de son domestique, plus ou moins nombreux, puisque cette tenue peut servir à l'observateur de point de comparaison.

Dans les circonstances ordinaires de la vie, le domestique n'est guère astreint qu'à une politesse que l'on pourrait appeler élémentaire; c'est le métier lui-même qui indique les égards dus au maître.

On ne doit pas commander d'une voix brusque ni d'une façon emportée.

Le valet ne doit jamais non plus répondre d'une façon grossière et oublier le rang de celui qui l'emploie.

Le valet de chambre de M. de Talleyrand répondit un jour au spirituel diplomate d'une façon quelque peu impertinente.

— Pourquoi me parler ainsi, lui répondit malicieusement le ministre? vous oubliez que, depuis la Révolution, nous sommes tous égaux.

Cette façon de remettre les gens à leur place n'est pas à la disposition de tous les maîtres; mais elle ne serait peut-être pas comprise, il faut le dire, de tous les domestiques.

***

On ne doit pas appeler un domestique « mon ami » ni une domestique « ma bonne. » Ce sont là des familiarités de parvenu ou de lorette.

Le petit nom doit remplacer tout qualificatif.

On doit rigoureusement tenir à la propreté de la livrée et des vêtements des gens à son service.

Il faut aussi veiller à ce qu'aucune promiscuité d'office n'amène des scandales parmi les domestiques.

Nous voulons croire que ce n'est que dans les comédies que de grandes dames remarquent leurs cochers; malheureusement, plus d'un procès a étalé au grand jour ces turpitudes.

Cette manière de comprendre le service n'entre pas dans l'étude que nous poursuivons.

Une reine d'Angleterre, — elle est de ce siècle,

—a honoré ainsi un valet de pied...; elle avait au moins un moyen de combler les distances; c'était de le nommer chambellan, ce qui fut fait.

En échange du siège de son carrosse, elle lui donna un tabouret à sa cour..., pour services exceptionnels.

* * *

Le maître, — et ils sont nombreux, dit la chronique galante, — qui remarque les jolis yeux de la soubrette de sa femme et le lui fait comprendre contrevient non seulement aux lois de la bienséance, mais encore à celles du cant, de la morale et de la dignité humaine.

Cette façon d'employer une salariée dans le domicile conjugal tombe même sous le coup de la loi. Toutes les femmes n'ont pas le vertueux sang-froid de Mme de B. Elle savait que son mari n'était pas insensible aux roturiers appas de sa femme de chambre. Un jour, en déjeunant, elle fit venir celle-ci sous le prétexte d'un manquement et dit doucement à son mari : Il faut faire le compte de Colette, mon ami; pour ce qu'elle fait ici, je le ferai bien moi-même.

* * *

La nourrice, — pour laquelle on a généralement des soins dont toujours elle abuse, — appartient entièrement, comme direction, à la femme.

Le costume de paysanne est assez bien accueilli partout, au bois, à la promenade, alors que la mère accompagne l'enfantelet que porte la *nounou;* cependant, on doit se dispenser de cette exhibition. Ou la mère, pour rester près de son enfant, doit renoncer à certains plaisirs, ou, si la « vie parisienne » lui tient au cœur davantage que le nourrisson, elle ne doit pas astreindre la nourrice à des fatigues inutiles et dangereuses.

On doit exiger des domestiques à l'égard des enfants la plus sévère retenue et le plus grand respect; de même qu'il ne faut tolérer de la part de ceux-ci aucun manquement.

**

Il n'est point nécessaire d'entrer ici dans ce qui constitue le service : un domestique sait débarrasser son maître et sa maîtresse du chapeau, des pardessus, des objets dont ils peuvent être chargés.

Il sait comment on reçoit un visiteur, comment on l'introduit au salon, comment on le prie de dire son nom.

Le service de table entre dans l'éducation d'un bon maître d'hôtel, comme la tenue derrière les invités est une partie de celui des domestiques ordinaires.

Les domestiques et le maître d'hôtel dans un dîner d'apparat doivent être en habit ou en livrée, en gants blancs et la serviette sur le bras, faisant cercle à quelque distance de la table, pour présenter au convive qui en a besoin ou du pain ou tout autre objet du service.

Ce sont les domestiques qui servent les vins fins. Ils s'adressent à voix basse à chacun des invités en leur indiquant le vin qu'on leur offre.

Il faut une certaine connaissance, à défaut des

crus, au moins de leur orthographe, pour ne pas faire rire le convive à ses dépens, comme ce Calino débutant dans cet emploi et annonçant gravement, au lieu de Lur-Saluces et Saint-Emilion, du *lard salé et c'est humiliant!*

**

Le maître d'hôtel, ou écuyer tranchant, est chargé de la dissection des viandes. C'est parfois un artiste à qui l'on ne dédaigne pas d'adresser des compliments.

Montesquieu, à qui l'on faisait le reproche de s'être oublié au point de féliciter un valet, payé par son maître pour être habile, répondit :

— Les domestiques sont comme les horloges; il faut les remonter de temps en temps pour les voir aller toujours bien.

Néanmoins, la stricte politesse s'oppose à tout témoignage d'approbation ou d'improbation sur le service. C'est faire insulte au maître de supposer que son service pourrait être mal fait.

Au dessert, les domestiques doivent brosser avec précaution la nappe sur les bords et servir les assiettes de dessert avec les couteaux à lame d'argent ou de vermeil, placés dans l'assiette, mais non en croix, pour ne pas contrarier les susceptibilités superstitieuses de personne.

**

Mais ces fêtes coûteuses sont des exceptions; revenons à la domesticité ordinaire et à ses relations journalières.

C'est le devoir d'une maîtresse de maison ayant de l'ordre de surveiller les achats et les dépenses.

Il faut le faire avec assez de tact pour ne froisser aucune susceptibilité. Il faut craindre d'accuser injustement un honnête serviteur, parce que la généralité des gens en place se livre à ce qu'on appelle vulgairement la danse de l'anse du panier. Il y a des exceptions à toutes les règles.

On doit être certain qu'un reproche est mérité pour l'adresser.

Une dame qui était à dîner gronda sa servante, parce que, pour certain plat, elle n'avait pas employé assez de beurre.

Cette fille, pour s'excuser, apporta un petit chat dans sa main, disant qu'elle venait de le prendre sur le fait.

— Des deux livres de beurre achetées ce matin, disait-elle, il ne reste rien ; il a tout mangé.

La maîtresse prit aussitôt le chat, le mit sur des balances ; il ne pesait qu'une livre et demie.

***

Une règle absolue.

Pour être toujours bien servi, ne laissez, sous aucun prétexte, vos domestiques dans l'oisiveté.

La paresse est un état qui amène l'oubli de tous les devoirs, et la nonchalance dans le service, qui en est la suite, est le pire de tous les défauts chez un domestique.

***

Les excentricités de notre temps ont donné carrière à de singuliers valets. Un banquier bien

connu avait un valet de chambre doué d'une certaine instruction. On le voyait, dès qu'il avait une
minute de liberté, le nez dans des ouvrages de
science. Le cocher et le cuisinier avaient fini, en-
doctrinés par lui, par l'aider dans des expériences
dont ses maîtres ignoraient la nature.

— François, donnez-moi mon chapeau, lui dit
un jour le banquier en continuant à ranger des
papiers dans son portefeuille.

Un quart d'heure s'écoule.

— François, mon chapeau! répète avec plus
d'impatience le banquier.

Au lieu de François, c'est Joseph, le cocher, qui
se présente.

— Une demi-minute, lui dit celui-ci; l'épreuve
a réussi, votre chapeau arrive.

En effet, François et le cuisinier, les mains éten-
dues sur le chapeau, le poussent à la façon des
spirites vers le banquier stupéfait.

— Quel résultat, s'écrie Joseph! en quinze minutes, le fluide a triomphé!

— Il y a un autre résultat que je vous promets,
lui dit le banquier: si cela se renouvelle, je vous
renvoie.

— Oh! monsieur, répond Joseph, maintenant
je suis tranquille. Monsieur consignera dans son
certificat pourquoi il me renvoie; je trouverai
vingt places pour une chez des adeptes.

O spiritisme! voilà de tes coups.

* * *

Pour finir ce chapitre, un mot sur une coutume
de cochers et de gens de maison.

Ils s'appellent entre eux du nom de leur maître et échangent ces conversations plaisantes :

— Marquis, sais-tu ce qui est arrivé à La Rochefoucauld?

— Non.

— Il a cassé son fouet.

— Et d'Aumale a perdu un sac d'avoine.

— A propos, Richard Wallace a reçu une gratification?

— Oui; et ce pauvre Rothschild a reçu son compte.

— Tu sais que l'amiral se marie.

— Avec qui?

— Avec une crémière de la rue d'Astorg.

Il n'est question ici que des cochers de ces personnages... Cette manière de se saluer du titre de son maître est inconvenante...; mais, bah ! même dans le grand monde, les cochers sont des... cochers.

Avouons cependant que la délicatesse de sentiments, la générosité, précieux apanages des nobles cœurs, se rencontrent dans toutes les classes de la société. On a vu de braves domestiques se comporter envers leurs maîtres en amis dévoués, comme le prouve le fait suivant :

Ruiné par des revers, un homme est obligé de fuir à l'étranger; son fidèle serviteur ne veut pas le quitter; il redouble même de soins et d'égards envers lui. Atteint d'une maladie mortelle, il prie son maître d'accepter quatre cents ducats, fruit de ses économies, en lui disant : « J'ai gagné cette somme à votre service; c'est à votre humanité que je suis redevable du bonheur de ma vie et de celui que je goûte à mourir tranquille et content. »

III

A table.

Encore l'abbé Cosson. — Les invitations. — A propos du
voisinage. — Exactitude de Louis XVIII. — Présentation.
— Les reines de la table. — Une poignée de recommandations. — Une demi-journée à table et un repas d'un quart
d'heure. — La gamme de la bombe glacée. — Le café. —
La retraite et les visites de digestion.

Les règles concernant l'invitation à diner, la
réunion des convives, le service du repas et les
mille riens qui constituent l'art exquis de recevoir ne pourraient tenir dans un long volume, à
plus forte raison dans ce court chapitre.

Comme l'abbé Delille, dans notre avant-propos,
nous ne nous arrêterons qu'aux lignes générales,
laissant à la délicatesse, à l'esprit, au bon goût
naturel des amphitryons et des convives de suppléer aux oublis de ce résumé.

Et tout d'abord, nous ne reviendrons pas sur les
parties de la leçon donnée à l'abbé Cosson. C'est
aujourd'hui encore comme il y a un siècle ; et on
devra faire son profit des remarques du plaisant
académicien cité, pour ne pas tomber dans ces
fautes contre la civilité.

**

La lettre d'invitation doit être adressée deux ou
trois jours au moins à l'avance ; elle ne doit pas

être lithographiée, quel que soit le nombre des convives à inviter.

On doit écrire soi-même aux gens que l'on estime particulièrement et signer les autres lettres, que l'on peut faire écrire par un secrétaire ou par un copiste.

Le choix des invités demande un grand tact et une longue habitude du monde ; il faut craindre de réunir à sa table des ennemis ou des fâcheux. La désignation des places est aussi fort méticuleuse ; il faut tenir compte de toutes les susceptibilités.

Les noms des convives sont écrits sur une carte au dos de laquelle il est d'usage de mettre le menu. Les gourmands ont dû faire adopter cette coutume qui permet de se ménager pour telle ou telle partie du repas.

Il n'est sans doute pas nécessaire d'observer que pour l'animation et la cordialité des convives il est bien de placer une dame près d'un monsieur, en choisissant préalablement les personnes auxquelles il sera le plus agréable d'être voisins pendant quelques instants ; cela viendra tout naturellement à l'esprit d'un chef de maison.

**

Les invités ont répondu par écrit à l'invitation qui leur était adressée, ou ils se sont excusés de ne pouvoir se rendre au rendez-vous donné.

Le jour est venu, l'heure a sonné.

On est exact. C'est là un point important. L'heure du dîner ne doit être devancée ni retardée par un convive : avant, on tombe comme un fâcheux dans des apprêts inachevés ; après, on a fait attendre une compagnie qui n'est pas aux ordres de votre négligence.

L'exactitude n'est pas seulement la politesse des rois, c'est aussi celle des convives.

Le roi Louis XVIII était très rigoureux à ce sujet. A l'heure dite, il se mettait à table, sans pitié pour les retardataires. C'était aussi un fin gourmet.

Voici une anecdote dans laquelle il prouve ces deux qualités :

Un jour, le capitaine des gardes de service, invité à la table du roi, arriva longtemps après que sa Majesté était à table.

Il s'excusa de son mieux.

Le roi lui fit servir les meilleurs mets restants sur la table et lui demanda s'ils étaient de son goût.

Troublé, l'officier répondit :

— Je ne fais jamais attention à ce que je mange.

— Tant pis ! reprit le roi ; il faut, monsieur, faire attention à ce qu'on mange et à ce qu'on dit.

**

Les convives réunis au salon ont été présentés l'un à l'autre par le chef de la maison, qui ne tarde pas à annoncer à ses hôtes que le dîner est servi.

Offrant le bras à la dame qu'il veut particulièrement honorer, il montre le chemin à ses invités. Les hommes offrent alors leur bras aux personnes qui leur sont chères ou près desquelles ils sont placés, et en observant, autant que faire se peut, les convenances de l'âge et du rang, on suit les invités vers la salle à manger.

Les places étant désignées par des cartes, il faut attendre que les dames soient placées avant de s'asseoir. Cette règle est le pivot de toutes les autres : les dames doivent être les reines du repas, et c'est à leur service que chaque cavalier doit se mettre, mais discrètement et avec la réserve la plus polie. Il faut s'oublier en quelque sorte pour songer au bien-être et aux commodités de sa voisine.

Quant aux autres coutumes de la politesse, on ne doit faire à table aucun geste qui gêne, contrarie ou choque les voisins. Ce faisant, on n'agitera pas son couteau, on ne tiendra pas sa fourchette les piquants en l'air, on veillera au bruit de sa mâchoire en mangeant et de son gosier en buvant ; on n'arrachera pas la viande d'un os à belles dents, pas plus qu'on ne mordra de cette façon dans un morceau de pain ; on ne s'accoudera pas sur la table ni on ne se renversera pas en arrière. Les deux dessins ci-contre présentent le contraste original d'un repas du grand monde et d'un dîner du petit monde.

**

Le maître de maison bien élevé se gardera de vanter la saveur et l'heureux choix de son menu ; il ne convient pas non plus aux convives de louer les plats servis ou les vins versés.

La science d'un amphitryon est de prolonger la consommation d'un plat jusqu'a ce que chacun

Dîner du petit monde. (Page 37.)

Repas du grand monde. (Page 37.)

ait terminé. On comprend combien l'invité qui, par la lenteur de sa mastication, retarde un service est mal noté ; il faut, pour éviter ce contretemps, charger moins son assiette et prendre des morceaux moins considérables.

La durée du repas est facultative. On en a vu durer des demi-journées ; mais en moyenne il ne faut pas prolonger au delà de deux heures la procession des victuailles et des desserts.

Tout le monde saura gré à l'amphitryon de mettre fin à la longue station sur une chaise, dont les jambes et les reins souffrent, bien que l'estomac s'en réjouisse.

Il ne faut en aucun cas imiter Napoléon Ier, qui mettait un quart d'heure à ses repas intimes et accordait une demi-heure aux dîners officiels.

Ses invités prévenus se mettaient à table aux Tuileries..., après s'être solidement précautionnés.

* * *

Le maître de maison doit veiller avec soin aux mille détails du repas, et cela sans bruit, sans trouble, sans embarras. Il doit offrir chaque plat lui-même et n'abandonner ce soin à ses domestiques que si le nombre des invités l'y oblige.

Le dessert est néanmoins de son seul ressort.

Un maréchal du second Empire, passionné pour la hiérarchie, avait trouvé à ce moment des repas de corps le moyen de faire une différence entre les épaulettes de ses convives ; voici cette gamme d'une politesse... militaire.

Au général. — Voulez-vous me permettre de vous offrir de cette bombe glacée ?

Au colonel. — Colonel, faites-moi le plaisir d'accepter un peu de bombe glacée.

Au commandant. — Voulez-vous de la bombe glacée, commandant ?

Au capitaine. — De la bombe glacée, hein, capitaine ?

Au lieutenant. — Bombe glacée, hein ?

Cela est peut-être drôle ; mais, même entre militaires, c'est déplacé. Quand on a fait à quelqu'un l'honneur de l'admettre à sa table, serait-il maçon, il doit être traité comme un prince.

**

Enfin les visages épanouis dénoncent la satisfaction générale ; la conversation, habilement menée à travers les sentiers difficiles de la médisance, de la légèreté grivoise (à laquelle la bonne chère dispose), est animée ; le maître de maison doit choisir cet instant pour donner le signal d'un autre exercice.

— Messieurs, dit-il, si nous passions au salon prendre le café.

Cette fois, c'est sa femme qui prend le devant pour faire les honneurs, et l'amphitryon quitte le dernier la salle à manger.

Le café, servi bouillant et exquis, est bu debout par les hommes ; on ne doit jamais ni le verser, s'il est trop chaud, dans sa soucoupe, ni faire brûler de l'eau-de-vie à la surface de la tasse.

La maîtresse de maison doit verser elle-même

le café aux invités, en commençant par les dames;
s'il en reste dans la cafetière, elle peut en offrir
aux personnes qui ont achevé leur tasse, mais il
y aurait impolitesse à en redemander.

On ne peut et on ne doit quitter le salon qu'une
heure après avoir pris le café; il est bien de consacrer la soirée entière à l'amphitryon...

Les visites de digestion se font dans la huitaine
et toujours en personne; si l'on ne rencontre pas
les maîtres de la maison, on doit laisser sa carte
pliée en deux pour indiquer qu'on est venu soi-
même.

***

Il ne faut pas abuser, quelle que soit sa position,
des invitations à dîner : si on les offre, comme il
faut faire bien les choses, cela écorne sensible-
ment les revenus; si on les accepte... sans les
rendre, on s'expose à entendre dire de soi ce que
l'on dit des médisants :

— Il n'ouvre la bouche qu'aux dépens d'autrui.

En cela, gardez-vous d'imiter Philoxène, ce
poète grec qui prenait si grand plaisir à boire et à
manger, qu'il désirait avoir le cou aussi long que
celui des grues. Ce poète parasite avait coutume,
quand il allait aux bains, de se laver la bouche
avec de l'eau bouillante, pour accoutumer son pa-
lais et son gosier à souffrir les viandes les plus
chaudes, de sorte qu'il avait l'avantage de goûter
et manger des mets avant tous les autres.

IV

Au salon.

Sous les armes. — Opinion de Mme de Girardin. — **Un** procédé de Nestor Roqueplan. — Visites de jour et réceptions du soir. — Comment on reçoit et comment on rend une visite. L'ambassadeur de Venise. — Accompagner et reconduire. — L'étiquette chez les souverains, le pape et les grands. — Une impolitesse de Mazarin, une maladie de Richelieu. — Les cartes de visite.

La mode a fait adopter un jour de la semaine pendant lequel on reste chez soi pour y recevoir la visite de ses amis.

C'est généralement après deux heures que l'on doit se présenter pour ne pas être importun.

La maîtresse de la maison a plus soigneusement fait épousseter les meubles du salon; les housses sont enlevées; les meubles ne supportent aucun journal; à peine l'album est-il toléré sur un guéridon ou la table de salon. On ne vient que pour échanger des compliments et point chercher des nouvelles.

Dans ces réceptions intimes, la toilette de ceux qui reçoivent ne doit pas être négligée. L'habit et la tenue de soirée sont absolument ridicules, dans la journée, quelle que soit la réception dont il s'agisse.

Une audience officielle seule comporte l'habit noir pendant le jour.

Une dame doit aller seulement au-devant de ses visiteuses et attendre à sa place, en se levant, quand c'est un visiteur. Les présentations se font sans grand cérémonial ; on indique seulement la qualité des nouveaux venus et celle des gens présents s'ils ne se connaissent pas.

La durée de ces visites peut être fort courte ; quelques minutes suffisent pour satisfaire cette exigence de la mode.

* *

Mme de Girardin disait que c'était dans une visite rendue que l'homme du monde montre son tact ou sa gaucherie, sa finesse ou sa nullité, son ignorance ou son mérite.

L'amitié, l'intérêt, le devoir commandent certaines visites.

L'employé d'administration, le soldat, le magistrat, le négociant, arrivant dans une ville de province, doivent absolument des visites, soit à leurs supérieurs, soit à leurs commettants.

A Paris, les félicitations, les compliments de condoléance, les remerciements, les visites de noce, de digestion sont autant d'obligations qu'il faut remplir.

* *

Les personnes qui reçoivent doivent être très affables, souriantes et faire de leur mieux pour soutenir la conversation commencée.

— Il y a un moyen de ne pas laisser tomber la

conversation, disait Nestor Roquelan, c'est de faire parler les gens de leur propre mérite.

On n'accompagne, à leur départ, que jusqu'à la porte du salon, les gens venus en visite; si l'on est seul, on peut accompagner le visiteur jusque sur l'escalier et même jusqu'à sa voiture, s'il s'agit d'un grand personnage.

On doit, dans ces visites cérémonieuses, conserver son chapeau à la main et ne pas le poser, quoiqu'on vous en prie, sur un meuble. Dans les réceptions cérémonieuses, on laisse le chapeau au domestique dans l'antichambre.

**

Les réceptions du soir se font en grande toilette; l'habit est alors presque de rigueur, suivant le degré d'intimité.

Une visite est une lettre de change tirée sur ceux à qui on la rend, et que ceux-ci devront acquitter le plus tôt possible, à moins qu'il n'y ait une grande disproportion de rang.

Une lettre de faire part exige toujours une visite, et dans ce cas on doit régler son visage et sa tenue sur la bonne ou mauvaise nouvelle reçue.

On ne doit jamais pénétrer dans un salon, fût-on de la famille, sans frapper ou se faire annoncer.

La carte de visite ne peut pas remplacer la visite, que l'on doit faire dans la huitaine à la suite d'un bal, d'une soirée dansante, d'un dîner, d'un concert.

Quand la personne à laquelle on rend visite se

prépare à sortir, il ne faut pas la retenir, quelque instance qu'elle mette à vouloir remettre sa sortie.

De même, lorsque les gens que l'on veut voir semblent pris par une occupation ou par une affaire, il faut se borner à l'échange d'un salut, quoi que l'on puisse dire pour vous retenir.

La manière de recevoir ou de rendre une visite est parfois de la plus sérieuse importance.

M. le comte Davaux, recevant la visite de l'ambassadeur de Venise, eut le tort de ne l'accompagner que jusqu'à l'escalier. Le fier Vénitien se plaignit à son gouvernement, et la guerre entre la France et la République se continua près de six mois, pour quelques pas oubliés.

C'était le temps où l'on jouait volontiers sur la signification des mots accompagner et reconduire.

On *accompagne* un grand ou une personne qui nous est supérieure; on *reconduit* un égal ou un inférieur.

Le comte d'Avray, s'apercevant que le marquis de Bressolles, à qui il venait de rendre visite, le suivait par politesse, l'arrêta et lui dit d'un ton badin :

« Est-ce par amour pour la musique que vous m'accompagnez ainsi ?

— Oh! mon cher comte, répliqua sur-le-champ le marquis, je ne vous accompagne pas, je vous reconduis. »

**

Les visites d'étiquette sont un peu de la famille des grandes réceptions. Là, tout est pesé, compté, calculé, depuis le salut d'entrée jusqu'au nombre de pas à faire au-devant de la personne à qui l'on rend visite.

Dans le salon d'un prince, par exemple, chacun se lève quand quelqu'un de sa famille entre.

Devant un souverain, les saluts sont réglés méthodiquement suivant les pays. Les Asiatiques et les Chinois se couchent à terre; les Européens s'inclinent profondément à la porte, au milieu du salon et enfin devant le souverain.

Devant le pape on fléchit le genou, et la troisième génuflexion doit être prolongée jusqu'à ce que Sa Sainteté vous fasse signe de vous tenir droit.

Le costume exigé pour ces présentations est celui de cérémonie. Devant Sa Sainteté, les femmes, qui sont exceptionnellement admises, sont assujetties à ce costume : robe noire, voile noir ou blanc posé sur la tête; pas de chapeau, gants blancs.

On parle aux souverains la main dégantée; on doit s'exprimer à la troisième personne.

On ne doit pas essayer de prolonger une audience; on se retire à reculons.

Il ne faut jamais dire : Majesté ou Excellence tout court, mais : Votre Majesté, Votre Excellence.

Les réponses doivent être courtes, précises. Il faut savoir rester maître de soi et ne pas répondre comme ce solliciteur troublé disant à Napoléon III:

— Ah! Majesté, votre sire est bien bonne!

***

Il est une quantité de privilèges que les usages du monde obligent à respecter.

M. de Novion, premier président au parlement de Paris, sous Louis XIV, était allé rendre visite au cardinal Mazarin, premier ministre.

Les deux battants des portes furent d'abord ouverts à ce magistrat, comme c'était la coutume.

M. de Novion pénétra jusqu'à la dernière antichambre. Étonné de n'y pas trouver le ministre qui, suivant le cérémonial, devait y venir au-devant de lui, il s'arrêta.

Un valet avait déjà annoncé le premier président.

Mazarin, fort occupé par un travail, se contenta de dire :

« Faites entrer. »

Mais M. de Novion ne quitta pas l'antichambre, et Mazarin, comprenant ce que signifiait l'opiniâtreté du visiteur, se leva alors et alla à lui.

Cela n'eut pas d'autre suite.

On raconte aussi que, lorsque le cardinal de Richelieu traita du mariage d'Henriette de France et de Charles Ier avec les ambassadeurs d'Angleterre, l'affaire fut sur le point d'être rompue, par deux ou trois pas de plus que les ambassadeurs exigeaient auprès d'une porte, et Richelieu, ainsi que l'histoire le rapporte, se mit au lit pour trancher toute difficulté.

**

Après ces visites solennelles, il convient, pour mêler le plaisant au sévère, de consacrer quelques lignes aux cartes de visite.

C'est là un mode facile, peu fatigant, mais aussi peu apprécié, d'éviter ce que les jeunes gens malappris appellent la corvée des visites. Nous avons dit que la carte ne pouvait remplacer la visite qu'en cas d'absence des personnes que l'on veut voir; alors on plie la carte en deux; la corner est trivial.

La carte doit porter le nom et l'adresse, rien de plus; une dame ne doit avoir que son nom sur sa carte.

Les cartes armoriées, avec titres, professions et autres enjolivures, sont de mauvais goût. Les bordures de deuil sont pareillement proscrites.

Mais cette visite par procuration est une grossièreté si on prend le secours de la poste.

V

Des soirées.

Les raouts. — Soirée intime. — Soirée musicale ou concertante et bal. — Les tapisseries recommandées. — Toilette. — Danse. — Veille sur ta bouche! — Invitations. — Galanterie française. — Léon Gozlan et Lekain. — Le souper et le jeu. — Une maxime de Platon. — Les jeux innocents et les charades.

Pendant ces dernières années, où des fortunes singulières et des positions conquises, on ne sait trop comment, avaient fort mêlé les éléments de la bonne société, une mode d'importation anglaise

avait envahi les salons français sous le nom de
raout.

Depuis, on a recommencé à se compter et à vouloir se connaître avant de se coudoyer dans un
salon. On ne donne plus que trois genres de soirées :

La *soirée intime*, où l'on cause, où l'on fait
un peu de musique, où l'on danse même, s'il arrive qu'un cavalier dévoué ou une dame héroïque
consente à se mettre au piano. Pour ce genre de
réunion, la toilette et les règles étroites de la politesse cérémonieuse peuvent être un peu aban-
données.

La *soirée musicale* ou *concertante* et la *soirée
dansante*.

_{*}

Les invitations à ces dernières se font au moins
huit jours à l'avance, pour donner le temps aux
invitées de préparer les éblouissements de leur
toilette.

On n'est tenu de répondre à ces invitations
qu'en cas d'impossibilité de s'y rendre ; il est pourtant de très bonne compagnie de faire part de la
réception de l'invitation et de son intention de s'y
rendre.

On ne doit pas, quoique la mode en soit assez
répandue, faire imprimer ou lithographier le corps
des billets ou cartes d'invitation. Il est de meilleur
goût de les faire écrire à la main et de les signer
soi-même.

Même observation pour ces soirées que pour les
invitations à dîner au sujet des inimitiés, des

adversaires qu'il faut éviter de réunir chez soi.

La grande société n'affranchit pas les lettres l'invitation; la coutume est de les faire porter soit par ses gens, soit par des personnes chargées le ce soin.

***

Les maîtres de maison ont une certaine quantité de devoirs particuliers, que l'on peut bien appeler des corvées : ils doivent aller au-devant des invités, les aborder avec un sourire, les placer ou les conduire à un siège.

L'amphitryon doit veiller à ce que toutes les dames dansent; il doit en conséquence avoir le talent de répartir, avec un bon mot ou un sourire, les cavaliers de bonne volonté en face des danseuses négligées.

On recommande les « *tapisseries*, » c'est-à-dire les dames qui ne dansent guère, aux jeunes gens encore peu répandus dans le monde; ce serait une impertinence de faire une recommandation de ce genre à un homme de quelque importance.

***

La toilette de bal et de concert est le pantalon et l'habit noirs, la cravate blanche et les gants blancs.

Les dames !..... Nous nous arrêtons sur ce terrain difficile. La coquetterie féminine s'oppose à un programme uniforme, et nos regards ne pourront qu'en être charmés.

On invite sa danseuse en la priant de vous faire l'*honneur* et pas le *plaisir* de danser avec vous. On ne lui offre pas la main, mais le bras, et on ne cause pas avec elle en dansant.

Aucune familiarité, même avec sa sœur — ou sa femme, si l'on se risquait au ridicule de danser avec sa femme, — n'est permise.

La contredanse finie, il faut, en remerciant sa danseuse du plaisir qu'elle vous a fait, l'accompagner à la place qu'elle occupait; ne pas s'asseoir près d'elle pour entamer ou poursuivre une conversation.

Ce sont des procédés de mauvais goût, et qui peuvent compromettre une jeune fille ou une dame, comme le ferait une invitation renouvelée plusieurs fois.

***

Veille sur ta langue! dit un poète arabe. Au bal, et généralement dans toutes les soirées, il faut songer à ce conseil avant de prendre, parmi les inconnus que l'on coudoie, un confident de ses observations malignes ou soi-disant telles.

On sait l'anecdote plaisante de cet invité s'adressant à un voisin à l'instant où une grosse dame s'évertue à suivre un mouvement de valse, qui la met en nage, malgré le secours d'un cavalier désespéré.

— Regardez donc, c'est plaisant! Quel est ce mastodonte que ce jeune homme essaye de faire mouvoir?

— C'est ma femme, monsieur !...

On chante maintenant.

Invitation à danser. (Page 52.)

Une jeune fille est au piano, écorchant, il est juste de le reconnaître, les oreilles les moins dilettanti :

— En vérité, on n'a pas idée de cela ! Que dites-vous de cette grue imitant le rossignol ?...

— C'est ma fille, monsieur !...

Notre invité, décontenancé par ces deux aventures, se retire dans un petit salon voisin où, reposant dans un fauteuil, un homme semble aussi las que lui-même de voir valser les éléphants et chanter les serinettes.

— Vous en avez assez, n'est-ce pas ?... Eh bien mais, si nous nous en allions, on ne s'amuse pas ici !

— Je ne peux pas..., je suis le maître de la maison.

Ce sont là des aventures auxquelles on ne s'exposera pas, en gardant pour soi les observations que la méchanceté ou la malice vous dictent.

**

Le carnet a fait son temps, le bon ton ne permettant pas de s'engager au delà de la troisième contredanse.

Si une dame refuse une invitation et qu'elle ne soit pas engagée, elle doit, à partir de ce moment, s'abstenir de danser. Le cavalier à qui s'adresse ce refus doit s'éloigner et prendre bien garde de ne pas se jeter à l'étourdie sur les voisines, qu'il semblerait traiter en pis aller.

Si deux cavaliers ont été ou croient avoir été agréés pour une même danse, la dame refusera également l'un et l'autre. Les deux cavaliers ne doivent pas insister; il est aussi difficile, en ce cas, de renoncer poliment à ses droits que de les affirmer avec ténacité.

On ne doit jamais s'asseoir à la place d'une danseuse; s'il n'y a de sièges que pour les dames, risquez une courbature, mais restez debout.

On ne doit pas quitter ses gants, et quel que soit l'embarras que cela puisse lui causer, il ne faut pas, en dansant, se charger de l'éventail ou du mouchoir de sa danseuse.

L'invité doit prier d'abord la maîtresse de la maison, si elle danse, ou ses demoiselles, ses nièces et parentes; c'est le premier devoir à remplir; le dernier est de se retirer de façon à ne pas clôturer la fête.

***

Dans ces réunions, que ce soit la danse ou le chant qui serve de prétexte, la galanterie joue toujours un rôle important. Mais, par galanterie, il ne faut entendre que des attentions aimables, que manifeste un ton respectueux.

Un fin observateur, Léon Gozlan, avait coutume de dire qu'il reconnaissait un homme bien né à la seule façon dont il parlait à une femme.

Un grand acteur, Lekain, avait fait aussi cette remarque, qui témoignait de son observation précise de la bonne société; quand il s'adressait à une femme sur le théâtre, son ton, sa physionomie, son maintien, tout annonçait la déférence et le respect.

Il ne faut pas confondre ces soins délicats avec

les compliments banaux et les fadeurs insipides que les romanciers mettent dans la bouche de leurs personnages, ou encore avec l'afféterie de prononciation et la mièvrerie d'attitude qui ont signalé le temps de la fin de l'Empire.

Tout cela est, au bon ton et à l'élégance, ce qu'est la parodie à l'œuvre d'un maître.

* *
*

Assez souvent, le bal est interrompu par une collation appelée souper froid ; mais le plus souvent, le jeu seul fait trêve aux quadrilles et au cotillon.

La bonne éducation ne perd ses droits ni ici, ni là.

Sans doute, le souper, — plus animé généralement qu'un dîner tranquille, — permet quelques légères atténuations aux rigoureuses exigences du service et de la tenue; mais il ne doit être ni hâté par l'impatience des uns, ni prolongé par la gourmandise des autres.

Autour des tables de jeu, le silence de la galerie est obligatoire; la bonne ou mauvaise humeur, suivant la bonne ou mauvaise chance, dénotent et un caractère désagréable et une éducation négligée.

On ne doit pas quitter la table de jeu immédiatement sur un gain.

Si l'on s'aperçoit de la présence d'un *grec*, par respect pour la maison où l'on se trouve, on doit éviter le scandale, tout en faisant de son mieux pour chasser ou démasquer le fourbe.

Un homme d'esprit éclaira ainsi un jour ses amis sur des agissements qu'il ne croyait pas honnêtes :

On l'invitait à parier pour un joueur que l'on croyait seulement heureux.

— Je voudrais avoir toujours parié pour monsieur, dit-il en regardant le joueur en face, mais je ne saurais me résoudre à le faire.

Le joueur comprit, et il ne tarda pas à s'esquiver.

Le mieux pourtant est de ne pas jouer; c'est ainsi que commence une passion qui peut entraîner l'homme à tout.

Platon, trouvant un jour un de ses disciples qui jouait, lui fit une réprimande.

Le disciple s'excusa, en disant qu'il ne jouait qu'un petit jeu.

— Mais, lui dit Platon, comptes-tu pour rien l'habitude que ce petit jeu te fait contracter?

***

Il est une autre espèce de jeu, que l'on a à peu près banni des salons, mais qui persiste dans la bourgeoisie : ce sont les jeux innocents.

La décence, la retenue, la pudeur ont souvent dans ces jeux de sérieux assauts à supporter. Plus on mettra d'honnêteté et de franchise dans l'exécution des *gages*, plus on restera dans les limites du savoir-vivre.

***

Les charades, proverbes et autres jeux de société, auxquels on se livre quand on ne sait ni causer, ni faire de la bonne musique, sont, la plupart du temps, une occasion de s'abandonner à la moquerie et au ridicule.

Evitez donc à tout prix un rôle dans ces pasquinades, qui, du reste, n'ont cours que dans des réunions arriérées...

Le salon ne doit pas faire concurrence aux tréteaux de la foire.

* * *

C'est surtout dans les soirées qu'il faut user de cet art si difficile de faire valoir les qualités et l'esprit des autres.

L'abbé de Saint-Pierre, naturellement froid et sérieux, n'était ni brillant ni amusant dans la conversation ; il se rendait justice, et jamais homme ne fut moins empressé de parler. Cependant il savait beaucoup de faits et d'anecdotes, qu'il contait à ravir. Mais il avait besoin, pour cela, d'être invité et même pressé, tant il craignait d'ennuyer.

Un jour, il alla voir une dame de beaucoup d'esprit, qui ne le connaissait que depuis quelques mois et fut d'abord embarrassée du tête-à-tête. L'embarras cessa bientôt. Habile et prompte à démêler les caractères et les différents tours d'esprit, elle avait déjà saisi celui de notre abbé et lui parla en conséquence. Mis à son aise sur ce qu'il savai et aimait, il parla fort bien. Lorsqu'il sortit, cett dame le remerciant du plaisir qu'elle avait pris l'entendre, il lui dit avec son ton et son air sim ple : « Je suis un instrument, et vous en avez bie joué. »

DEUXIÈME PARTIE

LE ROMAN DE LA VIE

I

Le fiancé

Le précepte de saint Paul. — Les héros et les anges en ménage. — Du rôle de la famille. — La demande en mariage. — Première attaque. — Le tête-à-tête. — Du contrat de mariage. — Ordre des signatures. — Corbeille de mariage. — Démarche infructueuse. — Pièces nécessaires à la mairie et à l'église.

L'Eglise, d'accord avec Dieu qui a dit au premier homme et à la première femme : « Croissez et multipliez, » a fait du mariage un sacrement, c'est-à-dire une loi.

Pourtant, un des apôtres autorisés de cette Eglise a cru devoir railler ceux qui se vouent à cet état naturel et béni.

« Mariez-vous, vous ferez bien, dit saint Paul ; ne vous mariez pas, vous ferez mieux. »

Ce qui faisait dire à une jeune fille que son tuteur tourmentait pour l'empêcher de se marier :

— Mon tuteur, faisons bien ; fera mieux qui pourra.

***

Le mariage est une des plus graves en même temps qu'une des plus aimables actions de la vie. On ne saurait trop apporter et à son accomplissement et au choix qui le précède l'attention la plus méticuleuse.

Sans se laisser entraîner par les ardeurs de la passion, généralement mauvaise conseillère, il faut pourtant que le cœur ait voix à ce chapitre du bonheur de la vie entière.

On veillera donc avec soin à ce que toutes les convenances de rang, de fortune, d'âge, d'éducation et de goûts soient, autant que faire se peut, respectées, avant de songer à une union qui doit fixer l'avenir de deux êtres.

La perfection n'est pas de ce monde ; il ne faut donc pas demander, vous, monsieur, à la jeune fille que vous rêvez pour femme, les qualités d'un ange ; vous, mademoiselle, au jeune homme que vous avez remarqué, toutes les vertus d'un héros.

Les anges et les héros feraient d'ailleurs un fort mauvais ménage.

***

Cependant, aux eaux, à une soirée, dans une réunion d'amis ou de famille, vous avez remarqué une jeune personne pour laquelle vous éprouvez une vive sympathie.

Sans confier ce secret à personne, car toute cette partie du roman doit être, dans votre intérêt même, enveloppée du plus profond mystère; sans essayer de lire dans la pensée de celle qui vous a captivé, vous devez vous ouvrir de vos projets à vos parents.

L'expérience et l'affection de ceux-ci vous éclaireront tout d'abord sur ce que vos regards épris et votre cœur prévenu n'auront pas remarqué.

Si votre choix est approuvé, il n'est pas défendu de savoir si l'objet même de votre affection peut y répondre; mais il faut agir avec tant de délicatesse, de réserve, qu'il est mieux encore de laisser ce soin à la famille qui saura, sans rien compromettre, s'informer des intentions et des projets des parents de la jeune fille remarquée.

Il est dans toutes les familles un de ces personnages dévoués, prenant officieusement l'emploi de marieur. Il faut craindre ces gens-là, non à cause de leurs intentions généralement bonnes, mais parce qu'ils sont, dans leur marotte de fiançailles à tout prix, plus aveugles encore que les intéressés.

**

Enfin, les préliminaires ont été amenés au résultat prévu. Les intentions de la famille ne s'opposent pas à la réalisation de vos rêves; il faut sa voir alors si vous serez favorablement accueilli comme prétendant à la main de la jeune fille.

La tâche est plus aisée: un ami sincère peut au besoin se charger de « sonder » la famille.

Vous pouvez risquer la démarche.

En ce cas, un parent ou vous-même sollicite du chef de famille l'autorisation de présenter ses hommages à la jeune personne, c'est-à-dire d'être officiellement agréé en qualité de fiancé.

A partir de ce moment, on ne saurait indiquer ce qu'il convient de faire pour conquérir la famille et la jeune personne que l'on veut épouser.

Il faut consulter son cœur plus que les traités de civilité.

C'est de cette heure que souvent date le bonheur de l'avenir. C'est ce que l'on se sera montré aux yeux de la fiancée que l'on restera peut-être toute la vie.

Les grands parents et les petits enfants, les domestiques et les bêtes, il faut se rendre tout favorable par une bonne parole à celui-ci, un jouet à celui-là, une gratification à l'un et un morceau de sucre à l'autre. Le concert de louanges que fera naître cette conduite caressera tendrement les les oreilles et le cœur de celle que vous voulez charmer, et c'est son amour qui vous dédommagera des courts ennuis que pourront vous causer les gens de son entourage.

*
* *

Recommander le soin de la toilette et de la tenue est, je pense, inutile. Les visites devront se succéder aussi souvent que possible, tous les deux jours au moins, et être assez prolongées pour témoigner de votre empressement.

Il ne faut abuser d'aucune circonstance pour se ménager un tendre tête-à-tête; mais si la famille... intelligente vous procure l'occasion d'une promenade ou d'un entretien sans témoins, sou-

venez-vous bien que c'est l'instant qui va décider
de votre bonheur, et que l'impression que vous
en laisserez sera ineffaçable.

Que le respect et la tendresse vous inspirent.

***

Il est de bon goût de faire quelques petits présents à la jeune fille qu'on recherche en mariage :
albums, musique, bibelots de peu de valeur, bou-
quets font généralement tous les frais de ces cadeaux.

Pendant ce temps et tandis que vous avez laissé,
soi-disant, étudier votre caractère, votre esprit
et ouvert votre cœur ; tandis que de votre côté
vous avez dû juger des goûts, de l'éducation et
des aspirations de la jeune personne, les deux familles ont dû s'inquiéter des questions d'intérêt
et jeter les bases du contrat.

Enfin ces familles étant entendues sur ce sujet
« sonnant et trébuchant, » il faut songer à la formalité :

DU CONTRAT DE MARIAGE.

Il y a plusieurs formalités requises pour l'accomplissement du mariage.

Quand il doit y avoir des conventions particu-
lières : dot, avances, reconnaissances d'apport, il
faut nécessairement dresser un contrat.

C'est chez le père de la fiancée que la lecture
de ce contrat a lieu, en présence des deux familles
et de leurs invités.

Quelquefois de grands personnages, et même des souverains, signent au contrat de mariage. En ce cas, ils ont été invités à cette cérémonie en quelque sorte solennelle.

Le contrat dressé, le futur signe le premier, puis il offre la plume à la fiancée qui le signe à son tour.

Elle passe la plume à la mère de son fiancé, et celle-ci à la mère de la future; même jeu pour les pères. Ensuite chacun signe par ordre d'âge ou de considération.

Tous les frais d'acte sont à la charge du futur.

Après la signature du contrat, le fiancé offre ce que l'on appelle

LA CORBEILLE DE MARIAGE.

Cachemires, dentelles, bijoux, linge, et même un à compte, en pièces d'or, de la dot, font parfois un amoncellement chatoyant et splendide, que jalousent les amies de la fiancée et qui fait battre son petit cœur de joie et de coquetterie. Les parents ajoutent à la corbeille de mariage les présents qu'il leur convient de faire au jeune ménage. Des titres de rente, de l'or même sont des cadeaux parfaitement de mise en cette circonstance.

***

Mais si la première démarche tentée près de la famille n'a pas été accueillie favorablement, il ne faut pas paraître en avoir du ressentiment, et au moins, pendant quelque temps encore, continuer à voir cette famille comme si rien ne s'était passé qui vous fût désagréable.

Et c'est alors que, si vous avez bien tenu vos démarches secrètes, vous n'aurez pas à craindre les railleries de vos amis.

***

Cependant le jour de la cérémonie est fixé ; le contrat étant signé, c'est la première chose qu'ont dû arrêter les familles.

On a réuni les « papiers » ou pièces nécessaires qui sont les suivantes :

Actes requis à la mairie pour publier les bans (formalité préparatoire que l'on doit exécuter à la mairie de la commune ou de l'arrondissement habité par l'un et l'autre des futurs) :

1º Acte de naissance du fiancé et celui de la fiancée ;

2º Consentement notarié des parents ou, à leur défaut, des ascendants, s'ils ne doivent pas être présents à la cérémonie ;

3º Un certificat de tirage au sort, établissant que le futur a satisfait à la loi du recrutement, et s'il est militaire ou dans la réserve, une permission du ministre de la guerre.

Pour la cérémonie du mariage civil, si elle a lieu à une autre mairie que celle de l'un des époux (généralement c'est à la mairie de la future que l'on se rend), il faut, outre ces pièces :

Un certificat de publication de bans ;

Les actes de décès des parents et ascendants

4.

décédés, dont le consentement est demandé par la loi (1).

Le veuf et la veuve doivent joindre à ces pièces l'acte de décès de la femme ou du mari.

A l'église :

1° Un billet de confession; 2° un extrait du registre de l'état civil, remis à la mairie; 3° l'acte de baptême des époux; 4° un certificat de publication des bans si le mariage a lieu dans une autre église, sont nécessaires pour la consécration du mariage religieux.

II

Le mariage.

Toilette de mariage. — Cérémonie religieuse, formalités.— Lettres d'invitation. — Cartes d'invitation. — Cérémonial avant, pendant et après, — Le garçon d'honneur. — La mairie trop petite. — L'église obligatoire. — L'ordre et la marche. — Le voyage en Italie. — A table, — Ouverture du bal. — Les visites de noces, y compris celle d'Alexandre Dumas fils.

La loi exige que la jeune fille ait au moins quinze ans révolus et le jeune homme dix-huit ans accomplis, pour que le mariage puisse s'effectuer.

La célébration ne peut se faire devant l'officier

(1) S'il y a opposition au mariage, l'acte notarié constatant les sommations, dites respectueuses, exigées par la loi, quand les futurs sont majeurs, doit remplacer le consentement des parents.

de l'état civil qu'après le troisième jour suivant la seconde publication.

La toilette de mariage est bien trop connue pour que nous l'indiquions ; disons cependant que la simplicité doit présider à celle de la mariée. Aucun bijou d'or, d'argent, pierres précieuses n'est de bon goût, et l'alliance que lui remettra l'époux au pied de l'autel doit être son premier bijou de femme.

La toilette des invités doit être recherchée sans être celle de soirée. Nous répétons que l'habit noir n'est de mise dans aucune cérémonie de jour. Pourtant, si l'on se rend directement de la mairie à l'église et de l'église au repas de la famille, on comprend que l'on peut, à l'avance, pour le bal et la soirée, avoir endossé l'habit de cérémonie.

Le fiancé a, bien entendu, adopté la toilette de cérémonie.

La robe blanche n'est pas de rigueur, si l'on ne se rend pas directement de la mairie à l'église.

***

Le mariage à la mairie est seul valide devant la loi et les hommes.

Le mariage à l'église est absolument facultatif et la dispense de toute bénédiction nuptiale n'entraîne aucun vice de forme, au point de vue de la société et de la loi. Mais si l'on veut appeler les bénédictions du Ciel sur un acte aussi important de la vie, voici quelques renseignements utiles pour la cérémonie religieuse.

Nous avons dit dans le précédent chapitre

quelles étaient les pièces exigées pour le mariage à l'église.

En outre, une dispense peut être nécessaire :

1° Pour se marier dans le carême ou dans l'avent ;

2° Pour épouser une personne qui n'est pas de la religion catholique ;

3° Pour épouser une belle-sœur, une nièce, une cousine.

Ordinairement on fait la demande de cette dispense, toujours accordée, au curé de la paroisse où aura lieu le mariage, avant la publication des bans.

* * *

Les lettres d'invitation sont faites par les deux familles ensemble et lancées huit jours au moins avant celui fixé pour le mariage.

Les invitations des membres de la famille et des personnes que l'on honore particulièrement doivent être faites en personne, avant l'envoi de la lettre de faire part.

Les témoins particulièrement sont invités verbalement.

Les lettres ou cartes de mariage sont à la charge des deux familles, qui en prendront chacune le nombre qui leur est nécessaire.

On ne doit faire figurer sur ces lettres que les noms des futurs et ceux des ascendants (père, mère, grand-père et grand'mère).

On les imprime sur papier satiné et de grand format.

La première lettre est celle de la famille de

la mariée ; la seconde est celle de la famille du marié.

Les deux lettres mises l'une dans l'autre, dans l'ordre que nous venons de dire, se plient en trois, sans enveloppe, comme les lettres de théâtre.

Ces lettres sont parfois remplacées par des cartes satinées blanches. L'invitation des deux familles est contenue sur le même côté séparé par un trait, la famille de la mariée occupant le côté gauche de la carte et la famille du marié le côté droit.

La tranche du papier Bristol employé pour ces cartes peut être dorée.

Ces cartes sont envoyées sous enveloppe blanche.

On peut ajouter à la main les invitations au banquet et au bal de noce ; mais il est plus poli de faire ces invitations-là verbalement. Les lettres de faire part, en général, peuvent recevoir une suscription collective.

Monsieur et Madame.

Monsieur doit toujours être mis le premier.
On ne cachette pas les lettres de faire part.

* * *

Donc, les invitations sont parties. Pendant huit ou dix jours, les couturières et les tailleurs ont lutté à l'envi d'activité et de goût. Futurs, familles et invités sont enfin réunis.

Le fiancé a retenu les voitures de cérémonie, — s'il n'a pas les siennes. — Ce sont, d'ailleurs, des carrosses d'apparat que l'usage a consacrés.

Le garçon d'honneur, sous les armes une heure avant chacun, a, comme un général habile, distribué les rôles aux cochers. Celui-ci se rend chez la mariée où le fiancé va accourir; celui-là ira prendre la demoiselle d'honneur; un autre, chez les témoins, chez les parents.

Bref! l'heure sonne; on est exact, on part. La fiancée est conduite par son père ou à son défaut par le plus proche de ses parents masculins. La fiancée occupe la première voiture avec sa famille.

Le fiancé occupe la seconde voiture avec sa famille.

La demoiselle d'honneur se place dans la voiture de la mariée et le garçon d'honneur dans celle du marié.

Les témoins occupent la troisième voiture.

Les parents et les amis prennent place dans les voitures suivantes.

Les amis ne pénètrent généralement pas dans la mairie, à Paris, où plusieurs mariages se font ensemble, ce qui occasionnerait un encombrement fâcheux pour les fraîches toilettes; les parents et les témoins seuls accompagnent les fiancés.

A l'église, au contraire, ce serait manquer à ses devoirs de n'être pas présent à la cérémonie.

Il est d'usage, à la mairie et à l'église, de faire une offrande aux pauvres.

On donne aussi quelques pièces de monnaie aux huissiers de service à la mairie et aux employés à l'église; ces frais regardent le fiancé.

Les fiancés se placent, à la mairie et à l'église, la fiancée à droite avec sa famille et ses témoins à sa droite, le fiancé à gauche avec sa famille et ses témoins à sa gauche.

Les fiancés à la mairie. (Page 70.)

Le *oui* légal doit être prononcé distinctement, mais sans ostentation d'aucune sorte.

On sort de la mairie et on entre à l'église, dans l'ordre indiqué précédemment.

Les places sont aussi les mêmes devant l'autel que devant le bureau du maire; les invités occupent le chœur.

Il est d'usage que le fiancé paye d'avance la location des chaises et évite à ses invités ce petit impôt de fabrique.

Si les quêteuses sont sœurs des mariés, elles se placent en sens inverse, avec chacune son cavalier, c'est-à-dire que la sœur de la mariée est à droite avec la famille du marié et la sœur du marié du côté de la mariée.

Deux jeunes gens, un de chaque famille, viennent après le *Pater* tenir le poêle sur la tête des mariés.

Le prêtre présente l'anneau de mariage au mari qui, de sa main droite dégantée, le passe au quatrième doigt (*annulaire*) de la main gauche, aussi dégantée, de sa femme.

On fait aussi bénir une pièce d'argent que l'on conserve, suivant l'ancienne tradition, après avoir fait graver les noms des époux et la date du mariage.

La cérémonie terminée, on se dirige vers la sacristie pour signer l'acte de célébration du mariage.

Le père du mari donne la main à la jeune épousée; le mari suit en compagnie de la mère de sa femme, puis viennent les deux familles et les invités.

Là, le mari signe le premier, puis sa femme,

puis les ascendants du mari, les ascendants de l'épouse et enfin les témoins et les amis.

Après une gratification aux suisse, bedeau et enfants de chœur, on prend congé de M. le curé et cette fois l'ordre de départ est changé.

Le marié donne le bras à sa femme; la mère du marié avec le père de la mariée; la mère de la mariée avec le père du marié.

Les mariés montent ensemble dans la première voiture avec la famille du marié; la famille de la mariée, les témoins, les parents et les amis suivent ensuite.

Cela se pratique de la même façon au temple et à la synagogue.

***

Il est des mariés qui, au sortir de l'église, partent pour l'Italie; on s'arrête à Fontainebleau, on se cache pendant une quinzaine dans les allées de la forêt et on a évité le ridicule et indécent usage du repas et du bal de noce; usage qui, du reste, tend à disparaître chaque jour.

***

Il est convenu que nous banquetons et que nous dansons.

A table, les mariés sont placés en face l'un de l'autre, le marié ayant sa mère à gauche et la mère de sa femme à droite, la mariée entre le père de son mari et son père, ou les premiers témoins.

Les toasts aux mariés sont portés par les témoins; le père de la jeune femme répond pour sa fille.

Les frais du repas et du bal de noce sont à la charge de la famille de la mariée.

**

Les invités à un repas et à un bal de noce doivent se conduire avec la même décence et la même retenue qu'à un repas ou à un bal ordinaires.

On ne chante guère que parmi les bourgeois et chez les ouvriers; mais si on est prié de chanter, il faut se garder de chansons à double entente et à allusions grivoises. Dans la conversation, à table, les propos de ce genre, les plaisanteries à la mariée sont du plus mauvais goût.

La mariée doit ouvrir le bal avec le personnage le plus considérable de l'assemblée ou avec son mari.

Les invités ne doivent pas s'apercevoir du départ des mariés et éviter les lazzi que la découverte de leur absence pourrait faire naître.

**

Dans la quinzaine, — à moins d'un « voyage en Italie, » — les nouveaux mariés doivent une visite à leurs parents et à leurs invités. Une lettre de faire part doit être adressée aux connaissances.

La mère du mari accompagne sa bru dans les visites à la famille du mari.

Les invités doivent rendre la visite faite par les mariés dans la huitaine.

Dans les visites que rend le marié, est-il nécessaire de dire que celles du genre de la *Visite de noce* d'Alexandre Dumas sont plus qu'un manquement grave aux lois de la politesse; car elles sont une sorte d'audacieuse raillerie à l'adresse d'une femme dédaignée; — mais c'est encore un oubli trop prématuré de ses devoirs pour que cette idée puisse venir à un autre qu'à un auteur dramatique à la recherche d'une immoralité de plus.

III

Naissance et Baptême.

La jeune mère. — La naissance. — Visites. — Les déclarations légales. — Des prénoms. — X. et Cie. — Lettres et cartes de naissance. — Le baptême. — Choix du parrain. — Obligations et frais. — Boîtes de dragées. — Cérémonial. — La signature de Rossini. — Les devoirs du parrainage. — Un bouquet et une demande en mariage. — Engagement solennel.

Après le mariage doit venir naturellement le baptême.

Un enfant va sceller par sa venue l'union bénie, contractée il y a à peine un an.

On se réjouit dans la famille, et tandis que la jeune femme est bien un peu rougissante et confuse, le mari triomphant et heureux entoure celle-ci de tendres soins et d'affectueuses prévenances.

La femme doit pendant les derniers temps de sa grossesse éviter toute fatigue et pourtant ne pas craindre les courses à pied.

Comme elle ne peut et ne doit rendre aucune visite « habillée, » elle se promènera chaque jour dans son jardin ou dans son voisinage, mais évitera de courir.

Les émotions vives et les spectacles dangereux, pouvant frapper l'imagination, sont interdits à la jeune mère.

La coquetterie doit céder quelques-uns de ses droits à la maternité ; ainsi, par exemple, les robes avec ceinture et tout ce qui peut gêner le libre essor doivent être répudiés.

*_**

Bientôt l'heure de la délivrance a sonné ; le médecin ou la sage-femme est prévenu, la layette est prête, la crise suprême s'annonce.

Le mari doit rester près de sa femme et l'encourager par des paroles de confiance et d'amitié.

Il ne doit témoigner ni sa satisfaction ni son désappointement d'une façon trop bruyante ou trop vive, suivant le sexe de l'enfant.

Il faut persuader à la malade, qui souvent partage ou craint ce désappointement, que les vœux secrets que l'on faisait sont exaucés.

C'est un mensonge, mais l'esprit de l'accouchée redoute le moindre choc et il faut éviter tout ce qui pourrait la contrarier.

***

Les visites à la jeune mère ne se font qu'alors que le médecin les autorise; le mari doit s'opposer formellement à celles même de la famille, s'il voit ou si le médecin lui dit que ces visites fatiguent la malade.

La fièvre puerpérale, la folie et la mort n'ont quelquefois pas d'autre cause qu'une fatigue éprouvée les premiers jours après l'accouchement.

***

Dès la naissance de l'enfant, les formalités légales sollicitent le père joyeux. Il faut d'abord déclarer le nouveau-né à la mairie.

On peut se dispenser de porter l'enfant aux employés de l'état civil. Sur la déclaration faite, un médecin constate à domicile le sexe de l'enfant.

C'est dans cette déclaration que l'on donne à l'enfant les noms que l'on a choisis.

Ordinairement le nom du parrain et des père et mère font les frais de ce choix.

On doit veiller à ne pas donner à l'enfant des noms ridicules ou baroques. Cela n'a l'air de rien, et souvent l'influence d'un nom se fait sentir sur une carrière et dans toute l'existence.

D'ailleurs n'aurait-on évité à l'enfant que des railleries d'école et de récréation, que le choix d'un nom serait une chose à observer.

Les noms prétentieux entrent dans cette observation.

Le père et deux témoins font la déclaration de naissance à la mairie et signent tous trois cette déclaration.

Un jour, le chef d'une importante maison de la rue du Sentier avait une formalité de ce genre à accomplir.

Arrive le moment de signer ; notre négociant, habitué à sa raison sociale, signe hardiment :

X. et Cie.

Le plaisant de l'anecdote, c'est que véritablement compagnie était pour quelque chose dans la déclaration.

*
* *

Des lettres ou des cartes de naissance doivent être envoyées à la famille et aux amis.

Ces lettres ne doivent porter que le seul nom du père ; elles sont imprimées sur petit papier satiné, dit poulet (une demi-feuille de papier ordinaire). Les cartes sont faites pareillement sur ce format.

Lettres et cartes s'envoient sous enveloppe ouverte.

*
* *

Après ces formalités vient la cérémonie du baptême.

On a fait choix du parrain et de la marraine longtemps à l'avance.

Souvent, et c'est un acte de déférence polie, on a chargé de ce soin les grands parents du bébé, si ceux-ci ne veulent pas eux-mêmes tenir l'enfant de leur enfant sur les fonts baptismaux.

Le choix du parrain et de la marraine n'est pas chose aussi aisée que l'on peut croire, quoique ce soit une véritable obligation pour ceux qui acceptent : il est des parents, des amis qui se formalisent qu'on ne s'adresse point à eux.

Ce titre ne doit pas être non plus accepté légèrement ; en dehors des dépenses que la cérémonie occasionne, c'est un engagement moral que l'on prend — et que l'on doit tenir.

**

Le parrain doit donc faire tous les frais.

Il faut trois voitures pour aller de la maison à l'église et retourner de l'église à la maison, puis reconduire la marraine à son domicile.

A la mère on doit offrir quelque cadeau, soit un bijou ou des dentelles, ou, suivant l'état de sa bourse, des bonbons.

A la marraine, votre commère, on doit faire agréer un petit cadeau, — de peu de valeur si le parrain est un jeune homme et la marraine une jeune personne ; — il faut lui offrir un bouquet — de fleurs blanches et d'oranger, si la marraine est demoiselle, — et une boîte de gants blancs.

La marraine fait ordinairement présent de la layette de l'enfant, ou tout au moins de la robe et de la pelisse de baptème.

**

Quant aux dragées de baptême, elles sont au compte de la générosité du parrain.

Pour bien faire les choses, il en faut au moins une vingtaine de boîtes. C'est assurément un prédécesseur du *Fidèle Berger* qui aura mis cet usage en vogue.

Les dragées ne se donnent qu'en boîtes, jamais dans des sacs ; les cornets, même dorés, sont pour les domestiques.

Une boîte au curé, avec quelques pièces d'or ou d'argent, parmi les dragées.

A la sage-femme, à la garde, à la nourrice, une boîte.

A la marraine, un certain nombre de boîtes pour distribuer à ses amies.

A la mère, aux témoins... et, dans les petites communes de France, à poignées aux gamins, qui, au sortir de l'église, crient sur votre chemin :

— Parrain ! — Marraine !

**

Pour se rendre à l'église, la marraine monte dans la première voiture en compagnie du parrain.

La nourrice, l'enfant et la sage-femme montent dans la seconde.

Dans la troisième, le père de l'enfant et les parents et invités.

Le baptême. (Page 80.)

6.

Si l'on a moins de trois voitures et que la nourrice monte dans la même voiture avec le parrain et la marraine, ceux-ci doivent occuper la place d'honneur, c'est-à-dire la banquette du fond, — à moins que l'enfant ne soit celui d'un supérieur, auquel cas il faut céder à la nourrice la place du fond à côté de la marraine.

La nourrice, portant l'enfant dans ses bras, entre la première dans l'église, puis viennent le parrain et la marraine précédés du suisse ou du bedeau et suivis du père de l'enfant et des invités.

La cérémonie religieuse terminée, on passe dans la sacristie, — afin d'éviter à l'enfant la fraîcheur de l'église — pendant la formalité de l'enregistrement de l'acte de baptême.

Le parrain signe le premier sur le registre de l'église, puis la marraine, le père et les témoins.

C'est à ce moment que le parrain fait ses présents : à l'officiant, aux pauvres (dont il faut faire la part belle, si l'on peut), au suisse, au bedeau, au carillonneur ; — depuis Beranger, on sait que le carillonneur aime

A sonner un baptême, —

— aux enfants de chœur et même au donneur d'eau bénite et aux mendiants du porche de l'église.

Tout cela, vous dira-t-on, porte bonheur à l'enfant.

Il est bien vrai que les sourires que fera naître votre générosité ne peuvent être qu'une gaie auréole pour entrer dans la vie.

[*]

Rossini fut un jour parrain d'un charmant petit enfant. Le père était un musicien fort distingué.

Après sa signature, le cygne de Pesaro traça une petite portée et plaça sur les lignes indicatives ces quatre notes : do, mi, sol, do.

Et comme le bon prêtre de Passy, où cela avait lieu, le regardait, le maestro lui dit :

— Un baptême, cela prouve l'accord parfait du ménage ; je le constate devant Dieu, voilà tout.

[*]

Quelques louis à la garde et à la nourrice leur font paraître les dragées meilleures, il ne faut pas l'oublier.

Et quand après avoir vidé ainsi votre bourse vous croirez en avoir fini avec les devoirs du parrainage, vous vous tromperez ; ces devoirs commencent à peine. Tous les ans, à votre fête, et au jour de l'an, il faudra un jouet au bébé, — tant qu'il sera petit, — et un bouquet à votre commère, — tant qu'il lui plaira l'accepter.

Quelquefois le parrain joint à ce bouquet... une demande en mariage... Dame! se faire devant Dieu les père et mère d'un enfant, cela prédispose au même emploi devant les hommes.

Pour en revenir et en finir avec les devoirs du parrainage :

Devenu grand, le filleul viendra lui-même chercher les étrennes et les cadeaux que vous lui
aurez d'abord portés, puis enfin il sollicitera
peut-être votre appui et votre secours.

Et vous ne pouvez refuser dans une certaine
limite.

Vous vous êtes engagé au pied de l'autel à lui
tenir lieu de père.

IV

La Mort et l'Enterrement.

Déclaration légale. — Lettres de décès et invitations. —
La cérémonie funèbre. — Les discours et les compliments
de condoléance. — La mort d'une jeune fille. — Un grand
personnage. — Les annonces des journaux. — Calino à
l'enterrement. — De la douleur et des regrets officiels.
— Prenez garde aux buissons! — L'enfant difficile à
élever.

Ce n'est pas moi qui fais ce rapprochement et
qui place la mort près de la naissance, le cercueil
près du berceau. Les lois mystérieuses de la nature le veulent trop souvent ainsi.

Le décès exige aussi une série de formalités
d'autant plus douloureuses que l'être que l'on a
perdu vous est plus cher.

Et même, en ces pénibles moments, un devoir

s'ajoute à tant d'autres, celui d'observer les lois de la politesse, les prescriptions de l'usage.

Les déclarations de décès se font à la mairie, au bureau spécial où se règle le service civil et religieux.

La présentation d'aucune pièce n'est demandée, ni aucune signature n'est donnée dans cette circonstance.

On doit seulement acquitter là le montant des frais de l'administration des pompes funèbres et ceux de la fabrique.

La mairie se charge du soin de prévenir l'église de l'heure et de l'importance du convoi.

On doit adresser des lettres de faire part aux parents que l'on n'a pu faire prévenir autrement (à cette heure le temps presse), aux amis et même aux simples connaissances.

Si le défunt appartient à un corps savant, s'il remplissait une fonction publique, s'il est décoré, il convient, par une démarche personnelle, d'informer l'administration, le corps savant et la Légion d'honneur de l'heure de la cérémonie.

Les lettres de faire part sont adressées de la part de la famille du défunt, en suivant le degré de parenté, mais sans aller au delà de cousins germains.

Les père, mère, grand-père et grand'mère ne font pas part du décès d'un enfant ou d'un petit-enfant.

Mais on peut néanmoins adresser, même pour ces petits êtres, des lettres d'invitation à leur enterrement, à des amis intimes et à des parents.

Le nom de la personne décédée, suivi des titres et qualités, se trouve en tête de la lettre de décès;

les noms, titres, dignités des membres de la famille viennent ensuite.

Dans la lettre de faire part, cet ordre est renversé.

Mais, dans l'une et l'autre de ces lettres, le nom
du défunt est toujours en plus gros caractères.

Ces lettres sont faites sur un papier satiné, de
grand format (papier à lettres, double), bordé d'une
large bande noire; l'énoncé de l'invitation au service, ou la rédaction de la lettre de faire part, doit
être contenu dans la première page.

On plie ces lettres en deux et on les met sous
bande, également bordée de noir.

***

Quand on est invité à un enterrement, c'est
une impolitesse grave que d'y manquer.

L'exactitude est commandée par le maître des
cérémonies des pompes funèbres, qui n'attend
jamais. Les parents marchent en tête du cortège
jusqu'au cimetière.

On doit avoir, dans une cérémonie de ce genre,
le visage aussi sérieux que la toilette. On ne doit
tenir ni canne, ni quelque objet que ce soit à la
main, autre que son chapeau.

Il faut s'abstenir de toute conversation, et surtout de rire derrière un corbillard.

Si les voitures de deuil ne sont pas en nombre
suffisant, on suivra à pied ou on prendra une voiture en location, qui suivra la file.

Chacun sait que le spectacle de sa douleur ne
doit pas être donné en public, mais on ne peut

pas toujours commander à sa sensibilité. Il faut
néanmoins s'abstenir de tout éclat et de ces san-
glots bruyants, qui semblent une « réclame dou-
loureuse » plutôt qu'une peine véritable.

Dans les localités où l'on porte les morts à bras
d'homme, suivre en voiture est une inconvenance
grave.

Il est de très mauvais goût, quelles que soient
d'ailleurs ses opinions religieuses, de rester à la
porte de l'église, alors que le cercueil y pénètre.
Par égard pour la famille, et pour éviter le scandale à une cérémonie aussi triste, on doit « faire
comme tout le monde. »

Pour une simple connaissance, votre devoir
peut s'arrêter au sortir de l'église; mais un parent, un supérieur, un ami doivent être accom-
pagnés jusqu'à leur dernière demeure.

Alors qu'un discours est prononcé sur la tombe,
il faut s'abstenir d'applaudir ou de manifester
bruyamment son approbation.

On retourne en voiture à la maison mortuaire,
ou l'on présente ses compliments de condoléance
à la famille, où, ce qui est préférable, on s'inscrit
sur un registre ou un cahier préparé *ad hoc*.

Les héritiers ou les parents du mort ont dû
veiller à ce que les voitures soient en nombre suffisant; c'est encore eux qui doivent faire reconduire les invités jusque chez eux.

Le plus proche parent du mort ou celui qui re-
présente la famille doit, à l'issue de la cérémonie,
remercier, par une pression de main ou par un
signe amical, les personnes qui ont accompagné
le défunt jusqu'au cimetière. Ceci dispense de la
visite à la maison mortuaire.

Malgré cela, il convient d'aller, dans les huit jours, déposer sa carte soi-même, ou rendre une visite à la famille du défunt. Ces visites de condoléance ne doivent durer que quelques minutes.

***

Quand c'est une jeune fille que la mort a frappée, il faut faire une démarche personnelle près des parents de ses jeunes compagnes, ou quelquefois simplement près de la directrice du pensionnat ou de la supérieure du couvent où la défunte était élevée. Le cercueil est alors porté au cimetière, entouré par des jeunes filles enveloppées de voiles blancs et vêtues de blanc.

Quatre, parmi les meilleures amies de la petite morte, tiennent les cordons, — qui sont des rubans fixés à la couronne de roses blanches posée sur le drap blanc du cercueil.

Ce ruban est offert en souvenir aux jeunes filles qui l'ont tenu dans la cérémonie.

***

Pour les ENTERREMENTS CIVILS, les invités se décorent de fleurs d'immortelles distribuées par la famille ; et l'un des assistants prononce, d'ordinaire, sur la tombe quelques paroles d'adieu.

Aux funérailles d'un grand personnage, le cérémonial est fixé par le commissaire des morts :

Des « pleureurs » ou commissaires des pompes funèbres, ou encore des domestiques du défunt, portent, derrière le corbillard, ses insignes et ses décorations.

La voiture vide du mort suit le cortège, en tête même des voitures de deuil.

Les gens de sa maison suivent, tête nue et à pied, la voiture portant le cercueil.

Si le mort est un soldat, son cheval de bataille, tenu en main par un domestique, suit le cortège.

Une compagnie de soldats, commandée par un lieutenant, rend les honneurs à un chevalier de la Légion d'honneur;

Un bataillon, à un officier;

Un régiment, à un commandeur;

Une brigade, à un grand-croix et à tout autre grand dignitaire de cet ordre.

Lorsque le défunt est connu, soit dans les lettres, dans les arts, dans l'industrie même ou toute autre carrière publique, on peut suppléer aux oublis de la mémoire, pour envoyer les lettres de décès, en faisant publier une note par les journaux.

On comprend qu'annoncer ainsi la mort d'une personne absolument inconnue est une sottise digne de Calino, qui déclarait avoir pour principe de n'aller qu'aux enterrements des personnes qui iraient au sien.

***

Quel que soit l'intérêt que l'on puisse avoir à la mort de quelqu'un; quelque étranger qu'ait été pour ses héritiers celui qui n'est plus, il est grossier, il est même immoral de se réjouir d'une mort qui vous fait riche.

A défaut de vraie douleur, que l'on ne peut ressentir pour un être qui n'a jusque-là été qu'un indifférent, il faut que la reconnaissance dicte aux héritiers un langage et une tenue convenables.

Les grimaces hypocrites sont au moins aussi coupables ; elles sont une insulte à Dieu, qui ordonne le respect de la mort.

D'ailleurs, pour quelque cause que ce puisse être, on ne saurait témoigner sa satisfaction de la mort de quelqu'un. La loi divine en fait un commandement, les lois de la bonne société en font un devoir.

Ce n'est qu'à un paysan, c'est-à-dire à un personnage ignorant des usages les plus élémentaires, que les faiseurs d'anecdotes ont pu attribuer la repartie suivante :

Sa femme était tombée un jour en léthargie, ensevelie et portée au cimetière voisin sur un brancard, comme cela se pratique dans un grand nombre de communes.

En passant dans un sentier, un buisson d'épines déchira le suaire et piqua au sang le « cadavre, » qui, tout à coup, poussa un cri et se dressa sur son séant.

Réveillée de sa léthargie, elle venait d'échapper au terrible danger d'être enterrée vivante.

Quelques années plus tard elle mourait, et, cette fois, la mort était bien constatée, aucun doute ne pouvait exister; mais le mari, — qui, sans doute, n'avait pas à se louer de sa compagne — avait encore présent à l'esprit la scène du sentier; car, lorsque les porteurs arrivèrent à cet endroit, il leur cria :

—Hé ! là-bas ! Faites-bien attention aux épines!

La douleur, sans avoir de ces cruelles exclamations, a parfois des naïvetés terribles, dont il est de bon goût de ne pas se moquer.

— Pauvre enfant ! disait un vieillard octogénaire derrière le convoi de son fils, mort à soixante ans, je l'avais toujours dit à ta mère, que nous ne t'élèverions pas !

———

V

Le Deuil.

De la division des deuils. — Les peuples anciens et l'Église. — Le deuil en rouge. — Les couleurs du deuil. — Les emblèmes. — Charles VIII et les théologiens. — Le grand chancelier et la famille des papes. — Les époques du deuil. — Les degrés de parenté. — Le crêpe masculin et féminin. — Le deuil par économie. — Le papier de deuil et les cartes de visite.

Le deuil est une manifestation extérieure de la douleur que l'on ressent de la perte de quelqu'un qui vous fut cher.

Ces manifestations ont lieu par la toilette et par certains signes de correspondance.

Les deuils sont divisés en grand deuil et demi-deuil ; ces divisions indiquent certains changements autorisés dans la toilette et les relations.

Les peuples les plus anciens ont connu ces coutumes d'exprimer la douleur par des signes extérieurs; l'Eglise l'a adoptée pour honorer le souvenir. Le jour de la mort de Jésus-Christ, les prêtres et les édifices religieux revêtent les habits sombres ou écarlates, car l'Église a, comme le souverain d'Angleterre, le privilège de porter le deuil en rouge.

Les couleurs du deuil ont d'ailleurs différé à diverses époques et chez plusieurs nations.

Les Chinois portent le deuil en blanc;

Les Turcs en bleu;

Les Arméniens, les Syriens en violet et bleu;

Les Égyptiens en jaune;

Les Éthiopiens en gris.

L'Europe a depuis longtemps adopté le noir pour couleur funèbre.

Chacune de ces couleurs a, du reste, sa raison d'être.

Le blanc est l'emblème de la pureté dans laquelle l'âme humaine doit entrer en quittant son enveloppe terrestre.

Le bleu n'indique-t-il pas les espaces azurés où l'âme doit s'élancer à la recherche de son Créateur?

Le jaune rappelle cet automne de la vie, ce commencement du dernier hiver, où, comme la feuille, l'homme quitte l'arbre terrestre et tombe dans l'inconnu.

Le gris, couleur de la cendre, d'où le souverain maître nous a tirés, et de la terre, notre dernier asile, résument pareillement la vie et la mort.

Enfin, le noir est la sombre allusion de l'éternelle nuit où sont plongés ceux que nous pleurons.

***

Jusqu'au règne de Charles VIII, le blanc a été, en France, la couleur adoptée pour le deuil ; mais cette couleur étant pareillement celle des cérémonies joyeuses de l'hymen, et surtout du baptême et de la communion, quelques scrupules naquirent, et de profonds théologiens décidèrent qu'une couleur plus sombre devait être adoptée. Ce fut le noir que l'on choisit.

Depuis ce temps le noir a prévalu ; cependant, il est un personnage, en France, et une famille, de par le monde, qui s'abstiennent de le porter en signe de deuil ; c'est le grand chancelier de France et la famille des papes.

Pour le premier, le motif de l'abstention est inconnu ; pour les seconds, l'honneur de compter un pape parmi les membres de sa famille dispense de tous regrets... au moins sur l'habit.

***

Les deuils ne se partagent pas seulement en grand deuil et en demi-deuil, mais encore en trois époques, désignées par le choix des étoffes que l'on peut porter et qui sont :

La laine,

La soie noire,

Le petit deuil (blanc et gris).

On ne porte le grand deuil que pour père, mère,

grand-père, grand'mère, mari, femme, frère et
sœur.

Le deuil du mari se porte un an et six semaines.

Celui de la femme, six mois.

Celui des enfants, six mois.

Pour père et mère, six mois.

Pour les grands parents, quatre mois et demi.

Frère et sœur, deux mois.

Oncles et tantes, trois semaines.

Cousins germains, quinze jours.

Autres cousins, huit jours.

Pour un mari :

Premiers trois mois, vêtements de laine, bijoux
noirs ou d'acier bruni.

Les six mois suivants, soie noire.

Le reste du temps, en petit deuil, noir et blanc.

Pour une femme :

Premiers deux mois, vêtements noirs, crêpe aux
deux tiers du chapeau, bijoux noirs.

Les quatre mois suivants, demi-deuil, en gris.

Pour père, mère, enfant :

Deux mois, grand deuil.

Quatre mois, demi-deuil.

Pour grands parents :

Six semaines, grand deuil.

Quatre mois, demi-deuil.

Pour frère et sœur :

Quinze jours, grand deuil.

Six semaines, demi-deuil.

Les deuils pour oncles, tantes, cousins et cou-
sines se portent moitié grand et moitié petit deuil.

Les dames peuvent avoir des diamants.

Les fonctionnaires en costume et les militaires en uniforme portent un crêpe au bras et à l'épée.

Les ecclésiastiques et les lycéens le portent au bras.

Le crêpe a été à peu près abandonné par la mode dans le deuil féminin; le barège léger, la gaze transparente le remplacent sur le front de nos jolies éplorées.

***

Plus généralement, le deuil masculin se porte au chapeau.

Quelquefois l'économie ou la nécessité ont fait arborer aux chapeaux de quelques bohèmes le crêpe réglementaire. Cela cache si bien l'usure et la décrépitude.

— Tu es en deuil, disait un ami à l'un de ces bohèmes industrieux : c'est juste, tu as perdu ta tante.

— Hélas! mais ce n'est pas d'elle que je porte le deuil, c'est de sa succession.

— Elle t'a déshérité?

— A peu près : elle a donné sa fortune aux hôpitaux, pour être plus sûre, dit-elle dans son testament, qu'il m'en reviendra quelque chose.

— Et tu la regrettes?

— Il le faut bien, les poils de mon chapeau s'en allaient par place; avec un crêpe, ça ne se voit pas.

***

Pendant la durée du deuil, on doit se servir de papier portant une petite bordure noire. Les enveloppes ne doivent pas porter cette bordure ; outre que les signes extérieurs sont inutiles, il faut avoir souci de la sensibilité de ses correspondants que la réception d'une enveloppe encadrée de noir pourrait émouvoir dangereusement.

Les cartes de visite ne doivent pas non plus porter cette bordure.

Les pains à cacheter blancs et noirs et la cire fine noire sont seuls employés pendant la durée du deuil.

***

Nous avons en France un pieux usage, qui étonne les étrangers, mais qui révèle, dans notre nation, le sentiment touchant de l'égalité et de la solidarité humaine.

Soit qu'on passe devant une maison mortuaire, où le corps se trouve exposé, avec ou sans tentures, soit qu'on rencontre sur son chemin un cortège funèbre, riche ou pauvre, tout homme se découvre avec respect, et les femmes s'inclinent ou font le signe de croix.

Il est aussi d'usage d'inviter les parents et amis à une *messe du bout de l'an,* et à une visite au cimetière pour l'anniversaire de la mort.

TROISIÈME PARTIE

DANS LE MONDE

OU

SAVOIR-VIVRE HORS DE CHEZ SOI

I

La Toilette et le Maintien.

De l'habit. — Erreur commune. — Une leçon de Napoléon. — Voleur et volé. — Un mot de Montaigne sur la bonne odeur. — Luxe et simplicité. — Perruques et chignons. — Les bijoux. — Toilettes du matin et du soir. — Débuts dans le monde. — Le prix d'honneur embarrassé. — Conseils d'un père. — Lois essentielles. — L'entrée et le tour du monde.

L'habit ne fait pas le moine :... c'est vrai ; mais il le fait respecter.

Un amant de l'art graphique a dit :

— L'écriture, c'est l'homme.

Un poète observateur a affirmé pareillement :

— Le style, c'est l'homme.

On pourrait dire sans se tromper davantage :

La mise, c'est l'homme.

Le caractère, l'éducation se manifestent aussi

6

bien dans un habit que dans une majuscule soignée ou négligée.

La toilette est donc le critérium de l'homme du
monde ; mais il ne faut pas en conclure que le
luxe du vêtement donne de l'élégance à celui qui
le porte.

Il y a des gens, des femmes surtout, qui
sont parées de rien, et d'autres que toutes les
somptuosités du costume ne parviennent pas à
habiller.

Un homme, bien chaussé et bien coiffé peut,
dit-on, se présenter partout ; le vrai, c'est que la
toilette la plus parfaite, si elle n'est accompagnée
d'un chapeau frais et de chaussures luisantes est
non avenue.

Mais cependant, les bottes et le gibus ne constituent pas non plus un vêtement complet.

***

L'égalité du costume laisse à la distinction naturelle et à la parfaite éducation leur libre essor.
De telle sorte qu'on a vu dans un salon un invité arrêter maint banquier, maint magistrat,
maint personnage enfin et, les jugeant à la mine,
— puisque le costume est uniforme, — leur demander :

— Mon ami, faites-moi donc tenir une glace, je
vous prie.

Pour éviter ces erreurs, il faut donc veiller sur
sa mise et sur son maintien.

***

N'allez pas pourtant pécher par excès contraire.

Le jour de l'entrevue de Napoléon et d'Alexandre sur le Niémen, Murat et le général Dorsenne arrivèrent en même temps pour prendre place derrière l'empereur.

Comme à l'ordinaire, Murat, qui avait la passion des broderies, des aigrettes, des fourrures, arriva tout chamarré.

Le général Dorsenne, élégant et sévère, parut dans sa tenue soignée.

Alors Napoléon se tournant vers Murat lui dit :

— Allez mettre votre habit de maréchal, vous avez l'air de Franconi.

Il appartenait à l'homme à la redingote grise de donner cette leçon de tenue à ses soldats.

***

L'autre exemple est plus récent.

Le frère d'un personnage illustre professait, quoique doué d'un véritable esprit, le plus profond dédain pour nos convenances sociales, et sa mise laissait souvent à désirer.

Un jour, distrait et préoccupé, il se présente aux Tuileries, où il était du reste appelé.

Le factionnaire lui refuse l'entrée.

Il insiste. Au bruit, un officier de service paraît.

Notre homme lui exprime son désir d'entrer. L'officier refuse.

— Pourquoi? s'écrie-t-il alors avec colère.

— Parce que vous êtes mis comme un voleur, riposte l'officier de mauvaise humeur.

Celui à qui s'adresse cette brutale exclamation se regarde alors et comprend tout; mais l'esprit ne cède pas chez lui si facilement.

— Dites donc, réplique-t-il, c'est vous, avec votre bel habit, vos bottes fines et vos broderies qui êtes mis comme un voleur... tandis que moi, réellement, je suis mis comme un volé.

Sans doute, il y a un bon mot, mais on ne doit jamais s'exposer à en commettre de semblables.

**

Il ne faut pas plus heurter de front la mode que suivre aveuglément ses lois et, surtout, précéder ses tentatives. Les lorettes et les filles de magasins ont seules un intérêt à cela.

La robe de chambre et le peignoir sont des vêtements intimes avec lesquels on ne doit ni sortir ni recevoir personne.

L'extrême propreté est la qualité primordiale exigée chez l'homme et la femme. Un bain bimensuel, des ablutions au lever, les soins de la bouche, de la chevelure, des mains, des oreilles, des ongles sont choses commandées par l'hygiène et la civilité.

Montaigne a dit quelque part :

— Pour sentir bon, il ne faut rien sentir.

Les parfums, quelque réputés qu'on les dise,

sont les indices d'une mauvaise éducation ou d'une fréquentation de bas étage. Les filles de portière et les dames aux camélias se parfument pour exciter l'attention de ceux qui les coudoient. Il y a aussi les personnes frappées d'une infirmité buccale ou nasale.

On ne porte pas non plus les ongles en pointe à la chinoise, mais coupés droit et près du doigt.

***

La parure de la femme et le vêtement de l'homme doivent toujours être en harmonie avec la position, le rang, la fortune.

Trop de simplicité peut faire accuser d'avarice.

Trop de luxe peut faire taxer d'imprévoyance ou de sotte vanité.

Il faut toujours éviter les couleurs éclatantes et disparates et les étoffes de tons criards, en même temps que la profusion des dentelles, bijoux, plumes, brimborions de toutes sortes, dont le mauvais goût orne les chapeaux et les corsages du demi-monde.

L'âge doit aussi guider le choix de la mise. La jeune fille doit être plus modeste qu'une femme mariée, et une femme qui a vu les premières rides sillonner ses tempes devra s'abstenir de se parer en jeune fille. Cela se voit très souvent, malgré le ridicule et les brocards que cela excite.

***

Autant pour sa santé que pour sa beauté, la femme se dispensera de toutes ces perruques, chi-

6.

gnons, tours de tête, frisettes, que le commerce des cheveux a fait adopter à des élégantes de dixième ordre.

Nous avons connu une dame, se croyant élégante, avec une véritable montagne de cheveux sur la tête. Un jour que le hasard nous la fit surprendre dans l'intimité, nous vîmes le plus affreux spectacle qu'il soit possible d'imaginer : la malheureuse avait la tête rasée comme un soldat de Cromwell. C'était sur ces quatre cheveux que la dame posait la perruque ébouriffée, qui déjà avait fait naître dans notre esprit les plus sérieux soupçons.

J'ai renoncé à cette maison, où pourtant on rencontrait d'aimables artistes, pour ne pas éclater de rire au nez de la dame.

L'abus de la perruque avait seul nécessité l'ablation des cheveux. C'est par un tour de tête ou un crépon que l'on commence ; c'est par la perruque que l'on finit.

Les chignons sont non moins hétérogènes et ne trompent personne ; en ce cas, pourquoi en surcharger sa tête ?

Il faut éviter pareillement de se surcharger de bijoux, chaînes, diamants, pendeloques. Sans doute, la coquetterie féminine a d'impérieuses obligations, et nous avons encore à l'oreille la réplique d'une jeune dame à qui l'on faisait admirer les vitrines des joailliers du Palais-Royal.

— Voyez donc, les jolies boucles...

— Oh ! pour les admirer, je suis tout oreilles !

La montre, la tabatière et le lorgnon monté en or, si on a la vue mauvaise, sont les seuls bijoux que doit se permettre un homme bien élevé.

***

La toilette du matin doit être aussi plus simple que celle du soir. Et la toilette avec laquelle on fait ses visites et ses promenades doit aussi être plus sévère que celle avec laquelle on reste chez soi.

La barbe et les cheveux doivent être soignés, mais de façon à ne pas laisser éclater aux yeux la minutie du coiffeur. Les gants sont de rigueur en visite, en promenade et partout où on est exposé à rencontrer quelqu'un.

L'habitude de porter une canne ne peut être que louée; cela donne à l'homme une aisance dans la marche et une désinvolture dans l'allure qui ne peuvent qu'être avantageuses à son maintien.

Les bras ballants et les mains dans les poches sont disgracieux et de mauvaises manières.

***

Les débuts ou l'entrée dans le monde sont considérés par beaucoup de gens comme une chose de peu d'importance; mais nous pouvons redire ici avec le philosophe :

« Le monde sert qui lui plaît et nuit à qui le brave. »

Que de gens ont, pour un simple oubli de politesse, une négligence de savoir-vivre, compromis et même perdu leur avenir !

Il faut le répéter souvent aux jeunes gens : les

premiers pas dans la vie publique peuvent décider de tout l'avenir.

Chaque année, après la distribution des concours généraux à la Sorbonne de Paris, le ministre reçoit à sa table les chefs de l'Université et les lauréats du concours.

L'année dernière, un de ces prix d'honneur arrive au ministère de l'instruction publique ; sur le perron de l'hôtel du ministre, il aperçoit les huissiers de service en grande tenue, habit, culotte courte, cravate blanche.

— Je te l'avais bien dit, s'écrie le prix d'honneur à son camarade, il faut être en tenue de ville et nous sommes en collégiens.

Et les deux enfants allaient retourner sur leurs pas.

Heureusement, un professeur avait entendu et en quelques mots il rassura les deux lauréats.

Est-ce que dans leur intérieur, aux vacances, les chefs de la famille de ces jeunes gens ne pouvaient pas les initier à ces petits devoirs et à ces obligations de la société parisienne ?

*
* *

Un poète, à qui nous empruntons quelques vers bien écrits sur ce sujet, nous prête l'appui de son autorité.

Il fait parler un père prévoyant :

Le premier pas, mon fils, que l'on fait dans le monde,
Est celui dont dépend le reste de nos jours :
Ridicule une fois, on vous le croit toujours.

. . . .

Et j'ai vu quelquefois payer dans la vieillesse
Le tribut des défauts qu'on eut dans sa jeunesse.

Donc, le monde vous aimera, vous protégera, vous patronnera, si vous vous présentez à lui avec les qualités de tenue, de langage, de toilette qu'il exige.

Voici rapidement quelques-unes des lois essentielles de la bonne réception dans le monde :

Costume décent.

Maintien grave, mais aisé.

Conversation discrète.

Avec les supérieurs et avec les inférieurs, poli sans obséquiosité et sans familiarité.

Observez la préséance, le respect de l'âge, du mérite.

Avec un supérieur, pas de questions et évitez de passer devant lui.

Avec un inférieur, pas de signes de supériorité ni de dédain.

A l'église, que votre tenue ne fasse naître aucune critique, ni chez les dévots ni chez les indifférents. Pas de grimaces de piété, pas de bravades de libre penseur.

En règle générale, l'accent, la voix, le caractère doivent être étudiés pour n'exciter le rire, l'effroi ni les critiques de personne.

La colère est grossière ; le juron, même bénin, est d'un valet d'écurie.

Un capitaine de vaisseau scandalisait une nombreuse compagnie par les sacrés qu'il mâchonnait à chaque phrase.

— Mille tonnerres de caronades! dit-il tout à coup, j'ai fait dix fois le tour du monde.

— Êtes-vous jamais entré dedans? lui demanda malicieusement une dame.

C'est, en effet, le plus difficile à bien faire, l'entrée dans le monde.

II

Dans la Rue.

La marche. — Où mettre ses mains? — Un homme qui suit les femmes. — Des saluts. — Avec les dames. — Offrir son bras. — Le parapluie. — Disputes et caresses. — Privat d'Anglemont et les poteaux municipaux. — De la toilette et de la manière de relever ses jupes.

La rue, qui est à tout le monde, est l'endroit le plus dangereux pour la politesse.

Je ne me souviens plus quel spirituel fantaisiste voulait, à la façon de marcher, de parler, de se vêtir, reconnaître la profession et surtout le caractère des gens.

Il y avait du vrai dans cette prétention: la marche et la tenue dans la rue dénoncent les penchants, les goûts, les aptitudes de l'homme et particulièrement son éducation.

La première règle des convenances, c'est de marcher d'un pas égal, ni précipité ni lent.

On ne tient, nous l'avons déjà dit, ni ses mains dans ses poches, ni croisées sur la poitrine, ni derrière le dos, ni dans le gilet, pas plus qu'au revers de l'habit ou à l'ouverture du gilet.

Toutes ces positions sont contraires à la civilité; elles appartiennent aux gens trop négligés, trop importants ou sont l'apanage des calicots, singeant les dandys que l'on appelle gommeux, qui est bien la plus ridicule, la plus niaise et la plus sotte engeance que l'on puisse voir.

**

On ne doit fumer dans la rue que le cigare et la cigarette.

Il ne faut ni siffloter entre ses dents, ni gesticuler inconséquemment, ni lire, ni parler haut, ni lorgner les femmes et surtout ne pas les suivre.

Un homme qui suit les femmes est ou un sot ou un goujat. C'est l'opinion de ceux qui surprennent le manège, et il peut être désagréable d'avoir cette réputation dans l'esprit d'un passant qu'on n'attendait pas.

**

On salue un ami simplement de la main ou en soulevant son chapeau.

On doit ôter son chapeau et s'incliner pour un supérieur ou pour une personne à qui l'on veut témoigner son estime.

Le geste de la main vis-à-vis d'un inférieur est grossier. Il faut ôter son chapeau pour ne pas indiquer, en présence d'indifférents, un orgueil de mauvais goût.

Il ne faut jamais saluer une femme, à moins qu'elle soit seule, le premier et attendre que par un signe de tête elle vous autorise à la voir.

Il faut feindre pareillement de ne pas apercevoir un ami, quand il est au bras d'une femme. On ne doit pas non plus arrêter une dame pour l'entretenir dans la rue, et si elle-même vous arrête, il faut lui parler le chapeau à la main et ne pas prolonger l'entretien.

Rester couvert devant une dame avec laquelle on cause dans la rue n'est pas d'un homme bien élevé. On semble indiquer que l'on tient son interlocutrice pour une femme de rien.

Une dame, — pourtant de mœurs légères, donna ainsi une leçon amicale au marquis de L., — jeune fat qui l'avait abordée et la retenait en causant sur le boulevard des Capucines.

— Si quelqu'un de votre connaissance passait, dit la dame.

— Eh bien, ne peut-on causer dans la rue avec une femme, sans se compromettre?

— Oui, mon cher, si, par sa manière de se tenir, on désigne les mœurs de la femme. — Si vous ne voulez pas qu'on s'aperçoive que vous parlez à une « cocotte, » ôtez votre chapeau, et vos amis croiront que vous causez avec une femme honnête.

**

Il faut pareillement observer de laisser le haut du pavé, c'est-à-dire le côté des maisons, aux vieillards et aux femmes.

La poignée de main, franche habitude d'amitié,

Rencontre à la promenade. (Page 108.)

ne doit pas être trop prodiguée. Il ne faut tendre la
main qu'à ses amis et ne l'offrir jamais ni à une
dame, ni à un supérieur, si l'on ne veut pas s'exposer à un affront mérité.

Les dames saluent les amis d'une inclination
de tête accompagnant un geste de la main.

Les indifférents ou les simples connaissances
n'ont droit qu'à l'inclination légère de la tête.

Elles ne doivent donner la main qu'aux gens
de leur famille.

A la promenade, on offre aux dames le bras
gauche. Si, pourtant, on peut éviter à sa compagne le soleil, la poussière, ou lui donner le côté
des maisons en lui offrant le bras droit, on doit le
faire.

Il est du plus mauvais goût de fumer au bras
d'une dame, même alors qu'elle vous y autorise-
rait. Un mari seul peut prendre cette liberté, et
s'il est véritablement homme du monde, il s'en
abstiendra.

Un cavalier peut donner son bras à deux dames
à la fois; cela est quelque peu ridicule pourtant,
et à Paris particulièrement on s'exposerait aux
lazzi des passants.

Mais jamais une dame ne doit donner le bras à
deux hommes.

Alors qu'on rencontre une dame en compagnie,
au bras de quelqu'un, si l'on est arrêté pour échanger quelques mots, il faut garder son chapeau à
la main, jusqu'à ce que la dame vous invite à vous
couvrir, ce que l'on doit faire alors.

On doit toujours rendre un salut, de quelque
part qu'il vienne; à moins, — et le cas est rare,
— que ce salut ne soit une bravade ou n'émane

d'une personne à qui l'on a   s raisons de témoigner son mépris.

Il faut éviter de coudoyer les passants et particulièrement les femmes, les vieillards et les enfants. Si quelqu'un se trouve arrêté sur votre chemin, il faut passer près de lui de côté, à la façon des crabes.

***

Par un temps de pluie, il faut porter son parapluie de façon à ne gêner ni blesser personne.

On peut offrir la moitié de ce parapluie à une dame, — même inconnue, — qui n'en aurait pas; mais on ne doit pas offrir en même temps son bras ou faire de la galanterie.

On comprend que la femme ne peut faire une pareille offre à un homme, et encore moins la solliciter.

On ne doit jamais appeler haut dans la rue, faire de grands signes de bras, saluer les gens aux fenêtres, courir, jouer, rire aux éclats, s'interpeller bruyamment, se quereller et s'injurier.

Injurier ou disputer un homme ayant une femme au bras est le fait d'un goujat.

De même, se livrer à des embrassements et à des caresses amicales sur la voie publique est de très mauvais ton.

On doit toujours céder le pas aux vieillards, aux femmes et aux personnes ayant des petits enfants. Les gens chargés de fardeaux que l'on rencontre sur son chemin ne peuvent avoir le souci de veiller sur leur voisinage; il faut donc leur laisser le côté du trottoir ou de la chaussée qu'ils ont pris.

Lorsqu'on demande un renseignement ou une adresse à un agent de police ou à un commissionnaire, il le faut faire poliment, et on vous répondra de même.

Privat d'Anglemont, qui fut le dernier bohème, prétendait que les Savoyards du coin des rues et les agents de la paix remplaçaient les écriteaux de la municipalité que l'on trouve sur les grands chemins.

« Route de *** à ***

» Il est défendu de déposer, etc. »

Privat était un amant du paradoxe ; cela ne l'empêchait pas de s'adresser poliment à ceux qu'il prétendait considérer comme des poteaux... en chair et en os.

⁎

Enfin, la toilette de la rue doit être toujours décente, jamais excentrique ; — les robes à traîne ne doivent pas toucher la chaussée.

Par un temps de pluie, les dames en retroussant leurs jupes doivent le faire de la main droite et avec autant de décence que possible.

Déjà, sous Louis XIV, un maître ès belles manières disait :

« Et, pour ce qui est des dames, c'est une immodestie très grande, de trousser leurs jupes près du feu, aussi bien qu'en marchant dans les rues. »

III

A cheval, en voiture.

La place d'honneur. — Distance respectueuse. — La banquette du fond. — Les piétons. — Le bras aux dames. — De la tenue. — Le choix du carrosse. — En omnibus. — L'impériale. — Conversation avec les pieds. — Les bonnes places. — Le voisinage. — En wagon.

A CHEVAL.

Il faut laisser la droite du chemin aux supérieurs et aux dames avec lesquels on peut se promener à cheval.

On ne doit se mettre en selle qu'après eux et tendre les mains jointes aux dames pour leur servir de marche-pied, si elles veulent bien vous faire cet honneur.

On doit laisser une tête d'avance à tous ceux à qui on veut témoigner du respect.

Le soin de régler le pas des chevaux doit être laissé aux dames ou aux supérieurs.

Un officier ne marchera aux côtés de son général que s'il en est prié, et, en ce cas, il laissera une tête d'avance au premier.

On évitera la poussière, la boue et le soleil à ses compagnons que l'on veut honorer, en prenant le côté où ces incommodités se font le plus sentir.

EN VOITURE.

La place d'honneur, en voiture, est la banquette du fond ; c'est elle que l'on doit toujours
offrir aux dames ; le côté gauche est pareillement
le côté que l'on doit céder à un supérieur, à un
homme âgé ou à une dame.

Si l'on a équipage à soi, il ne faut s'asseoir près
d'une dame, même quand elle est seule, que sur
son invitation ; autrement, on doit rester sur la
banquette de devant.

On traite pareillement les prêtres, les supérieurs et les vieillards.

On ne doit faire arrêter sa voiture, pour causer
avec quelqu'un, que lorsqu'on peut lui faire une
place près de soi ; il est de très mauvais ton de
causer avec un piéton en restant dans sa voiture.

On doit reconduire jusqu'à leur porte les personnes que l'on a invitées à prendre place dans sa
voiture.

La personne priée de prendre place dans une
voiture doit refuser la place dite d'honneur, surtout s'il y a d'autres personnes, et si celles-ci sont
des supérieurs ou des dames.

Un monsieur doit toujours offrir son bras aux
dames pour les aider à monter, et descendre le
premier pour remplir le même devoir à la des-
cente.

Il ne faut jamais toucher le nu de la main dans
cet acte de politesse.

On doit veiller à ce que les toilettes de ces dames
ne se flétrissent pas au contact des roues.

A pied, à cheval et en voiture. (Page 114.)

Le propriétaire de la voiture, ou celui qui en doit payer les frais, monte toujours le dernier.

Lorsqu'on en est prié par le maître de la voiture, ou celui qui en est le locataire, il faut, sans insister, monter dans le véhicule, même quand celui qui vous invite est votre supérieur.

On ne doit jamais fumer dans une voiture, même découverte, quand il y a des dames avec vous.

On doit se tenir droit et ne pas se pencher, s'accouder ou s'étendre, même lorsqu'on est seul. Il faut toujours se respecter en public.

On ne doit, dans une voiture fermée, ni se montrer à la portière, ni baisser les stores, — surtout si l'on est avec une dame.

Les discussions de prix avec le cochers sont un manque de galanterie quand on est avec des dames.

Le coupé et les voitures de remise seuls sont tolérés; les fiacres font mauvaise figure, en visite.

EN OMNIBUS.

La politesse ne perd jamais ses droits, et même dans cet équipage des petites bourses, un homme et une femme de bonne compagnie se font remarquer. L'impériale appartient trop aux amants du grand air pour ne pas leur accorder toute liberté; pourtant, il ne convient pas de fumer de façon à importuner les voisins, de se tenir de manière à les gêner.

A l'intérieur, il convient d'offrir aux dames et

aux vieillards les places à droite du conducteur, qui est le côté de la voiture où l'on est le plus souvent accoudé par suite de l'inclinaison produite par le côté que doit prendre le cocher.

Les trois places d'entrée sont aussi, quand cela se peut, destinées aux personnes un peu grosses.

Une fois installé, veillez sur vos pieds; la conversation par ce moyen avec les petits pieds des voisines est le fait d'un paysan. Toucher le genou, le coude ou toute autre partie du corps d'une voisine est d'un grossier personnage.

En sortant, évitez de bousculer ou d'atteindre quelqu'un avec la canne ou le parapluie; prenez garde de marcher sur le pied d'un voyageur.

Oui, monsieur, non, monsieur, et un merci sans phrase, est la seule conversation que l'on doive tenir, à moins, seulement, qu'on ne sollicite un renseignement.

Il ne faut pas plus voisiner en omnibus que dans sa maison : cela dénote toujours une éducation de bas étage.

Il est convenable de saluer légèrement, au moins, en montant en omnibus; le salut, au départ, est moins exigé.

En chemin de fer, quand vous voyagez avec une dame, offrez-lui toujours un des coins du wagon. Couvrez-la de votre manteau s'il fait froid; aidez-la à descendre quand le train est entièrement arrêté. Si vous désirez fumer et si vous n'avez pas pris le wagon des fumeurs, demandez la permission à vos voisins, en commençant par les dames. — Si votre fumée incommode quelqu'un, jetez votre cigare, si vous ne préférez l'achever pendant les arrêts qui se succèdent aux stations.

IV

Au théâtre.

La toilette. — Location des places. — L'entrée. — Comment on se place. — Le chapeau et les bravos. — Une soirée du *Caïd*. — La lorgnette. — Les Romains du lustre. — Les bravos en province. — Le chef de claque de Saint-Étienne. — Du sifflet. — Le foyer. — Les rafraîchissements. — La Critique et Morphée.

Le théâtre doit être considéré comme un salon public par les gens bien élevés; on doit donc s'y comporter absolument comme dans un salon, dans un concert privé, en considérant, par surcroît, qu'ignorant souvent le rang et la condition de ses voisins, on est tenu à une réserve continuelle.

La toilette est celle des visites, lorsqu'on doit être placé en vue, et même celle de grande soirée, lorsqu'on assiste à une représentation marquante, et à des places en évidence, telles que loges et fauteuils de balcon.

Au reste, comme on est exposé à rencontrer dans les couloirs, au foyer, et même à recevoir dans sa loge des amis, des supérieurs et simplement des connaissances, on doit prévoir la nécessité d'une bonne *tenue*, c'est-à-dire d'une toilette irréprochable.

L'habit noir n'est pas de rigueur pour les hommes, à moins d'une représentation de gala ou extraordinaire; mais on doit avoir un col frais, des gants, et des chaussures fines.

Les femmes peuvent être décolletées au théâtre; mais, néanmoins, une toilette demi-ouverte est de meilleur ton. L'étalage des chairs et des diamants n'est toléré qu'aux étrangères et aux parvenues.

La coiffure est un point important de cette toilette. On ne va pas au théâtre en cheveux: un chapeau est de rigueur. L'amoncellement de fleurs, de dentelles, de brimborions que la mode a inventés est une preuve d'un goût douteux, qu'une femme élégante ne donne pas à une salle de spectateurs.

Les gants blancs, pour les femmes, et de teinte claire, pour les hommes, sont de rigueur.

Quand on invite quelqu'un, surtout si ce sont des dames, à assister à la représentation d'une pièce de théâtre, il faut s'assurer à l'avance, dans la journée, des places que l'on veut occuper. On pourrait s'exposer, autrement, à faire faire une course et une toilette inutiles aux personnes invitées.

En entrant au théâtre, on précède ses invités, pour montrer au contrôle le coupon dont on est porteur, et, sur l'indication de celui-ci, on montre le chemin encore, on présente de nouveau à l'ouvreuse le carton remis au contrôle ou le coupon de la loge.

On aide alors les dames à se débarrasser de leurs fourrures ou autres objets qu'elles ne gardent point avec elles, et on leur indique les places sur le devant, en donnant celle de droite, pour le côté gauche du théâtre, et celle de gauche, pour le côté droit, à la personne que l'on veut le plus honorer.

On laisse, à son tour, canne et pardessus à l'ouvreuse, et l'on se place, dans le même ordre de considération, derrière le fauteuil des dames. On ferme la porte sans bruit, et on évite autant que possible de troubler la représentation, si le rideau est levé, par une installation bruyante.

Lorsque la place que l'on occupe est un fauteuil d'orchestre, de balcon ou autre place, c'est-à-dire s'il faut, pour s'y rendre, déranger plusieurs personnes, on doit observer les devoirs les plus stricts de la galanterie avec les dames et de la politesse avec les messieurs, en s'excusant de passer devant eux. Mais, dans le cas où l'on est ainsi placé, il est de bon goût d'arriver avant le lever du rideau et de ne pas s'oublier pendant l'entr'acte, de façon à troubler, par une entrée retardée, l'attention donnée par ses voisins au spectacle commencé.

Il faut retirer son chapeau dès son entrée dans la salle du théâtre ; attendre pour cela le lever du rideau est d'un homme mal élevé.

Il ne faut, pendant que la pièce se joue ou se chante, ni parler à ses voisins, ni se pencher près des dames placées devant soi, ni accompagner le chanteur de la tête, fredonner avec lui ou battre la mesure ; on ne doit pas, non plus, raconter la pièce, prévoir tel effet dramatique ou tel mot comique. Cette partie du spectacle, que l'on escompte indiscrètement, est un plaisir d'imprévu dont vous privez ceux qui vous accompagnent.

A l'Opéra-Comique, un de ces hivers, une sorte de commis voyageur était placé à l'orchestre, devant un monsieur de bonne tenue, qui avait déjà été forcé de le prier de se découvrir, son couvre-chef le privant de la vue du théâtre. Notre commis voyageur applaudissait, faisait rage; mais surtout il chantonnait entre ses dents tous les morceaux de l'ouvrage.

On jouait *le Caïd*.

Impatienté, son voisin laisse échapper une exclamation :

— Le traître, le mal élevé, le polisson : il ne finira pas !

— A qui donc en avez-vous? demande arrogamment notre grossier personnage en se retournant, comprenant bien que ces épithètes lui étaient adressées.

— A Melchisédech, répondit le voisin; à ce maudit chanteur qui m'empêche de vous entendre.

Notre homme comprit et se tut.

Les signes aux acteurs, les saluts aux actrices sont du plus mauvais genre, de même que les appels d'une place à une autre.

On doit avoir le soin de se munir d'une lorgnette et n'emprunter jamais celle d'un voisin. Il faut se servir de cette lorgnette avec retenue et ne regarder audacieusement ni le public ni les artistes. Fixer longuement une personne dans la salle est de l'insolence.

Il ne faut applaudir qu'aux Italiens, où l'usage le tolère; partout ailleurs, on peut être confondu avec les *romains du lustre*.

Dans les villes de province où cette institution n'est pas encore implantée, on peut témoigner, par quelques bravos discrets, sa satisfaction à un artiste remarquable; pourtant, les dames doivent s'abstenir de ces marques d'approbation. Dans les villes de garnison et dans les ports, il y a une sorte de politesse hiérarchique à observer, même au théâtre : ainsi, les officiers de l'orchestre attendront que le général ou l'amiral, dans sa loge, donne le signal des applaudissements. De même les inférieurs laisseront à leurs supérieurs, dans l'ordre administratif, le privilège de régler leur enthousiasme.

Cela est puéril, sans doute, mais la politesse étant l'art de plaire à autrui, il faut éviter le moindre prétexte de froisser celui-ci.

Dans tous les cas, les applaudissements doivent être réservés; le populaire seul est susceptible d'enthousiasme.

A Saint-Étienne, Laferrière était en représentation. Depuis plusieurs soirs, il remarquait, au parterre, une bande qui, suivant l'impulsion d'un gros monsieur, lui faisait des ovations à faire crouler la salle.

Il le fit venir dans sa loge, et lui remettant deux louis, il lui dit :

— C'est peu, mais je ne suis pas riche.

— Comment? demanda le gros homme interloqué.

—C'est pour vous remercier, vous et vos hommes, de votre service.

Le gros homme se mit à rire.

— Notre service!... Ah! monsieur Laferrière, ne croyez-vous donc pas davantage à votre talent?... Il n'y a pas de *claque* à Saint-Étienne. Je suis M. X..., l'un des plus importants négociants du pays, et ma bande est composée de mes ouvriers.

Au spectacle. (Page 121.)

Cela était flatteur pour l'artiste, mais moins pour M. X...

Le droit

       Qu'à la porte on achète en entrant

est plus rigoureusement interdit à l'homme comme il faut que l'applaudissement. C'est un usage barbare, inepte, grossier, que des palefreniers peuvent seuls se permettre avec les chevaux et les chasseurs avec les chiens.

L'exemple de tant d'artistes et d'auteurs frappés mortellement par ce bruit odieux suffirait à le proscrire, si la bonne éducation n'en avait depuis longtemps fait justice.

Une fois le rideau baissé, si les dames de votre compagnie désirent faire un tour au foyer, offrez-leur le bras pour les y accompagner. Les rafraîchissements, les bonbons et autres intermèdes sucrés, désirés par les dames, se prennent au buffet. On ne doit pas manger dans sa loge, ni à sa place.

Le café du théâtre n'est pas toléré pour les dames.

Il faut éviter, même alors qu'on en fait son métier, de critiquer haut tel ou tel artiste ou telle partie de l'ouvrage.

On ne doit avoir à ce sujet ou sur d'autres aucune discussion avec ses voisins. Une des règles élémentaires de la politesse, c'est de considérer la présence d'une femme comme un obstacle à toute querelle ou altercation ; le voisinage des dames au théâtre oblige donc continuellement à la plus grande circonspection.

Il ne faut pas pousser l'indifférence pourtant jusqu'à dormir; ce serait manquer aux convenances envers les auteurs, les artistes et les personnes qui vous accompagnent ou vous entourent.

Morphée et Melpomène n'ont jamais été camarades.

———

V

La politesse épistolaire.

La correspondance dans tous les mondes. — Une observation de Mme de Sévigné. — Règles générales. — Le format italien. — La note à payer. — Je mets la main à la plume. — Souverains, ministres et prélats. — Dans le commerce. — Les injures et le cartel. — L'honneur des dames. — La troisième personne. — Lettres de recommandation. — Un mot de Charles-Quint. — Les salutations. — La suscription et la poste. — L'affranchissement. — Les lettres de faire part. — L'anonymat.

La politesse a les droits les plus incontestables, les plus absolus, dans la correspondance. La politesse épistolaire est une obligation de tous les mondes : haute société, puissants du jour, ministres, prélats, supérieurs de tous rangs et de tous ordres, il est, pour s'adresser à eux, des formules qu'il est défendu d'ignorer, comme la loi.

Entre négociants, entre amis, entre particuliers, il est encore des usages à observer.

La lettre est le langage réfléchi, et quoi qu'en

dise Mme de Sévigné, dont les lettres admirables
seraient aujourd'hui de piètres modèles, il ne faut
jamais lâcher « la bride sur le cou à sa plume et la
laisser trotter à l'aventure. » Il faut être, au contraire, concis, bref, clair et net. Le vagabondage
littéraire est une prétention intolérable. Le style
de la correspondance varie suivant ceux à qui on
s'adresse; néanmoins, il doit toujours être simple
et naturel. Rien n'est moins facile, au reste, que de
changer son tempérament écrit, et le proverbe
« le style, c'est l'homme » démontre cette vérité.

Suivant les usages de la bonne compagnie, il
est différentes choses à observer : le choix du papier, des cachets, la façon de plier sa lettre, les
formules de salutation, les marges à conserver, la
suscription et l'affranchissement.

Les billets d'amitié, les lettres intimes, familières s'écrivent sur du papier blanc, glacé, avec
son chiffre frappé. Les initiales dorées ou en couleur sur du papier teinté dénotent une prétention
de peu de bon goût; cependant, depuis quelques
années, la mode anglaise prévaut dans la société,
et les dames, particulièrement, emploient un papier coquet gris clair, de format dit italien. Ce
format est oblong, en travers; on dirait le papier
à lettres ordinaire dans le sens de la longueur.

Lors de la première apparition de ce papier, les
« dames aux camélias » l'adoptèrent immédiatement; elles ont l'habitude de toujours se distin-
guer.

Un jeune gentilhomme recevant un billet de ce
genre l'ouvrit, et avant d'y jeter les yeux, considérant ce format, qui ressemble à une feuille dé-
tachée d'un carnet d'échéance, il s'écria :

— Déjà! elle m'envoie la note à payer.

Les lettres familières et amicales s'écrivent sans marge aucune et commencent une ligne au-dessous de la qualité ou de la désignation de la personne à laquelle on écrit, dans ce genre :

« *Mon cher ami,*

» *Ta bonne lettre nous a trouvés à la campagne et ton bon souvenir nous a causé le plus vif plaisir, etc.* »

On doit éviter de commencer une lettre par le mot JE. La formule « Je mets la main à la plume » est bonne pour les Bocquillon de caserne écrivant à leur famille, à l'effet de leur annoncer qu'ils sont en bonne santé et qu'une pièce de cinq francs serait la bienvenue.

Une lettre à un supérieur doit porter en tête la qualité du personnage; si c'est une faveur que l'on sollicite, il est bon de choisir un papier spécial, dit de pétition, et, en ce cas, il faut soigner son écriture et sa rédaction.

Nous ne donnerons pas ici des modèles de pétition, mais seulement les prescriptions de la politesse employée.

Au souverain, on écrit en tête :

A Sa Majesté le Roi ou l'Empereur.

Trois doigts plus bas :

« *Sire.* »

Et quatre doigts au-dessous la teneur de la demande, que l'on termine invariablement :

Je suis avec le plus profond respect,
de Votre Majesté,
le très fidèle, très obéissant et très humble
serviteur et sujet.

A un ministre, on emploie la formule :

A Son Excellence Monsieur le Ministre.

A un cardinal :

A Son Eminence Monsieur le Cardinal.

A un archevêque ou évêque :

A Sa Grandeur, etc.

Trois doigts au-dessous :

Monsieur le Ministre,
Ou *Monseigneur*, pour les princes de l'Église.

On ne doit écrire que deux lignes sur la première page d'une pétition adressée à un souverain ; trois lignes à la femme d'un souverain.

On ne devrait commencer la lettre adressée à un ministre ou à un grand dignitaire qu'au tiers de la page ; mais comme ces pétitions n'arrivent jamais qu'à des secrétaires, il est préférable de simplifier le travail de lecture et de classement, en écrivant d'une façon concise la teneur de sa pétition dans la première page.

On doit conserver une marge d'au moins un quart de la feuille et écrire après sa signature lisiblement tracée sa demeure et les indications nécessaires à l'objet de la requête.

Les apostilles se mettent sur le côté gauche de la pétition ; elles doivent être brèves et dire en peu de mots l'intérêt que l'on porte au pétitionnaire.

Les pétitions s'envoient toujours sous une grande enveloppe, que l'on ferme avec de la cire, et qui sont exemptes d'affranchissement pour les souverains, les ministres, les préfets et les directeurs de quelques services publics.

· La troisième personne est généralement usitée dans les pétitions, mais ce n'est pas une obligation absolue.

Dans les lettres ordinaires, les formules précédées du mot *cher* doivent être bien pesées avant d'être employées : elles indiquent une familiarité que la moindre supériorité peut rendre blessante ou outrecuidante.

On ne doit jamais se permettre ce qualificatif avec une dame que l'on ne connaît pas très particulièrement, et en aucun cas avec une demoiselle.

Dans le commerce seulement, on met le nom de la personne à qui l'on s'adresse, et on se dispense de l'enveloppe. Cet usage est autorisé par les nécessités légales. Une lettre commerciale est souvent un engagement, dont le timbre de la poste et le nom du destinataire font un acte.

Il est poli de répondre immédiatement à une lettre, à moins que ce ne soit une lettre d'injures ; comme rien ne peut autoriser un homme du monde à répondre des insolences, il vaut mieux laisser calmer sa colère avant de répondre. Un cartel même doit être marqué au sceau du savoir-vivre et doit se terminer par une formule respectueuse.

Une femme doit éviter le mot honneur dans ses lettres; « me faire l'honneur » « avoir l'honneur » sont des expressions masculines.

Généralement, on doit s'abstenir d'écrire à la troisième personne, à moins que l'on ne s'adresse à des fournisseurs ou que l'on remette, chez un concierge, un mot indiquant une visite; pourtant toutes les invitations se font à la troisième personne.

On ne cachette jamais avec un cachet armorié les lettres familières ou les billets amicaux. — On ne ferme pas non plus les lettres de recommandation que l'on remet à un solliciteur; mais celui-ci, s'il est bien élevé, la cachettera devant la personne qui la lui remet.

Dans ces lettres de recommandation, on ne doit rien ajouter de particulier à l'objet de la missive; ce serait faire du porteur un commissionnaire.

Un homme âgé peut seul se permettre de donner une lettre de recommandation à une femme.

Les lettres doivent être écrites lisiblement, sans ratures, surcharges, répétitions; la signature, surtout lorsque l'on s'adresse à quelqu'un dont votre écriture est peu connue, doit être très lisible.

Le post-scriptum, que Charles-Quint disait être l'esprit d'une lettre, n'est toléré qu'entre amis.

Enfin la formule de salutation et la date qui terminent toute correspondance ne doivent pas être séparées de la lettre elle-même, c'est-à-dire qu'il faut, si l'on est au bas de la page et qu'il ne

reste plus de place suffisante, ajouter quelques
mots pour pouvoir terminer à la page suivante.

Évitez : *J'ai l'honneur de vous saluer*, qui est
trop bref.

Agréez mes salutations empressées est com-
mercial.

A un supérieur :

Je vous présente mes respectueuses salutations est
un peu vague.

Tout à toi, Bien à toi, ou *Tout à vous*, etc.,
dénote une familiarité grande.

Je vous serre la main est commis voyageur ;
je vous baise la main, adressé à une femme, est
par trop Régence.

Il faut donc s'inspirer du rang, de l'âge, du
sexe, de la position, du degré d'intimité, pour
adopter la salutation convenable.

La considération est d'un supérieur, le respect
est d'un inférieur.

La suscription d'une lettre est aussi chose importante; les almanachs des postes en donnent
un modèle à suivre.

Le mot monsieur où madame doit être répété,
le nom et la qualité suivant le second monsieur ;
au-dessous la profession, au-dessous encore la
rue et le n°, à Paris, la résidence et la commune
(s'il n'y a pas de bureau de poste) et le département.

L'almanach des postes donne, nous l'avons dit,
un modèle.

On raconte, rue Jean-Jacques Rousseau, que
l'adresse fantaisiste donnée par cet almanach est
adoptée par un grand nombre de gens illettrés
qui s'imaginent que c'est le moyen de faire par-
venir sûrement leurs nouvelles à leur famille.

Puisque nous sommes à la poste, arrêtons-nous une seconde pour nous occuper de l'affranchissement : l'usage a aujourd'hui, quelle que soit la situation de ses correspondants, adopté l'affranchissement.

Les cartes d'invitation et de visite seules doivent être remises ou portées à domicile par des domestiques ou des commissionnaires.

Dans la rédaction d'une lettre de faire part, il ne faut ajouter aux noms des parents aucun titre, ni indiquer leur profession ; les parents dans la ligne ascendante doivent seuls figurer dans un billet de décès ; le père et la mère, dans un billet de mariage ; à leur défaut, les grands parents ; le père seul, dans un billet de naissance.

Les enveloppes gommées ont détrôné les pains à cacheter, qui ne sont plus de mode que dans les administrations, dans le commerce et dans les antichambres ; leur emploi n'empêche pas néanmoins l'adjonction de la cire et du cachet.

Ce cachet ne porte plus de devise que dans un certain monde, où il ne viendra à l'idée de personne d'aller chercher des modèles de savoir-vivre.

Pour terminer, dois-je parler des lettres anonymes ?

Les lâches seuls nuisent ainsi à leur prochain ou se font un jeu de faire de l'anonymat un moyen de plaisanterie ridicule. Il n'est pas nécessaire d'insister sur ce point ; pas plus que sur celui, qui est acte de faussaire, d'écrire sous le nom de quelqu'un en imitant sa signature, même quand il ne s'agit pas d'une chose sérieuse.

APPENDICE

OU

RECOMMANDATIONS GÉNÉRALES

La conversation. — Locutions vicieuses. — Des types à redouter et à éviter. — Côté des hommes et côté des dames. — La politesse des commerçants. — Et avec ça? — Une poignée de ridicules. — Épilogue.

Nous voulons terminer ce petit Code de la Civilité par quelques recommandations générales sur des objets tenant à la politesse par maint côté; ainsi :

LA CONVERSATION.

Le sujet de la conversation dans le monde doit être toujours léger, frivole, enjoué, accessible à tous et permis à tous.

Il faut craindre le ridicule dont Molière a fait sa comédie des *Précieuses* et n'employer que la langue courante, sans recherche, sans affectation.

Parler de soi avec modestie et des autres avec éloge est un moyen d'avoir un grand succès toujours.

La science, la politique, tout ce qui peut soulever une dispute doit être banni de la conversation « dans le monde. »

8

Voici quelques locutions dont il est bien de se méfier.

On ne dit pas : *Bonjour, madame*, mais *J'ai bien l'honneur de vous saluer* ou *Je vous présente mes respects.*

On ne doit pas ajouter le nom de la personne que l'on salue au qualificatif de monsieur ou madame.

On dit *ma femme* et non *mon épouse, ma moitié; madame X.* Il est de mauvais goût d'appeler sa femme par son petit nom tout court, comme on le fait d'une servante ; une femme dit *mon mari.*

Oui et *non* doivent toujours être suivis du mot monsieur, madame ou mademoiselle.

Lui et *elle* sont des grossièretés employées pour désigner un assistant.

En somme, évitez les subjonctifs et les mots en *asse* et *isse :* c'est ridicule et mal accueilli dans tous les mondes..., même parmi les savants.

DES TYPES A REDOUTER ET A ÉVITER.

Côté des hommes :
Le pédant affichant un savoir sentant le pion,
Le bouffon qui fait des grimaces et des singeries,
Le jocrisse dont on se moque,
Le mystificateur que l'on redoute,
Le bavard dont la langue peut être un danger
Le fat qui est toujours ridicule,
Le vantard qui est toujours sot,
Le menteur, cousin germain du calomniateur,
Le moqueur grand semeur de querelles,
Et le naïf dont chacun se joue.

Côté des dames :
La coquette qui se compromet,
Le bas bleu qui ennuie,
La médisante que l'on fuit,
La pimbêche dont on se moque,
L'effrontée que l'on critique,
La prude qui est un vilain masque,
La méchante qui est un hideux caractère,
La curieuse que l'on tient à distance,
L'envieuse, cousine germaine de la mégère,
Et la niaise dont on s'amuse.

Ce sont là vices et défauts dont il faut se garder dans le monde.

LES COMMERÇANTS.

Le commerce a sa politesse : trop d'obséquiosité est un défaut qui peut nuire à un commerçant, autant que trop de raideur.

Dans nos magasins de nouveautés, les commis se laissent facilement aller à des familiarités qui sont le cachet d'une mauvaise éducation de ceux-ci et d'une direction maladroite des patrons.

Il y a des expressions usitées dans tous les commerces. *Et avec cela?* est un mot que le calicot et l'épicier affectionnent.

Un jour, Vivier le corniste achète une douzaine de mouchoirs.

— Et avec cela? lui dit le commis.

— Avec cela, répond le facétieux artiste, je vais me moucher.

Les dames faisant certains commerces, les gan-

tières, les fleuristes, les servantes de brasserie,
ont une façon d'encourager le client de l'œil, qui
ressemble fort à un vilain métier. Si, par hasard,
une femme honnête cherchait fortune dans ces
industries, un peu de retenue pourrait lui être
conseillée.

Le marchand bavard est un écueil; une juste
mesure est l'idéal. Et il faut reconnaître que
dans plus d'une maison de Paris cet idéal-là se
rencontre.

UNE POIGNÉE DE RIDICULES

N'oubliez pas qu'en France on est enclin à
tourner tout en ridicule; aussi devez-vous éviter
les moindres travers, qui pourtant sont nombreux dans cette vie! Nous allons en faire la no-
menclature. Tâchez de vous en dispenser.

Ce sont de petites misères, des niaiseries, si vous
voulez; mais ces niaiseries répétées forment un
total dont il faut se défaire.

Ainsi, par exemple :

***

Si quelqu'un éternue, sachez qu'on ne dit plus
l'antique formule : « Dieu vous bénisse! » ou :
« A vos souhaits! » On ne dit rien du tout, at-
tendu que, si la personne éternuait cinq ou six
fois, il faudrait répéter les mêmes phrases, ce qui
serait fastidieux.

Si vous éternuez vous-même, tournez-vous du côté où il n'y aura personne et tâchez de faire le moins de bruit possible.

———

Si vous parlez, n'élevez pas la voix, à moins de parler à un sourd. Une voix douce est le signe distinctif du savoir-vivre. Une voix rauque est le signe contraire.

———

Si vous accompagnez un visiteur jusqu'à votre porte, ne fermez pas cette porte avec fracas, ce qui ferait croire que cette visite vous a fort ennuyé.

———

Ne sonnez pas avec violence quand vous allez voir un ami, et, si c'est chez une dame, donnez à la sonnette un léger coup avec discrétion.

Une fois entré, ne posez jamais votre chapeau sur le lit ; il faut en avoir le droit. Sans cela, le maître de céans pourrait en prendre ombrage.

———

Habiller les enfants en soldats, marins, zouaves et autres costumes de même farine.

———

Mettre des éperons pour arpenter les boulevards.

———

Louer aux portes de Paris un troisième étage, avec jouissance d'un jardin grand comme un mouchoir, et inviter ses amis à venir à sa campagne.

———

En parlant des artistes en vogue, dire : la Patti, la Malibran, la Wadmann, pour passer pour un dilettante.

Accompagner sa femme au bal et danser avec elle.

———

Dire : ma propriété, mon cousin le baron, ma voiture, mes chevaux, mon tailleur, etc.

———

Le ticket au chapeau, un jour de courses ou en chemin de fer.

———

Le monocle en tout temps, le pince-nez sans infirmité.

———

Une femme âgée avec des plumes au chapeau et un corsage pincé à la taille.

———

Un vieillard à cheveux teints.

———

Un jeune homme frisé, pommadé, luisant et parfumé.

———

Un petit chien havanais, teint en jaune, porté derrière soi par un groom nègre.

———

La tenue du rapin, tel que l'a créé le romantisme, et celle du cavalier républicain, le pantalon dans les bottes et la redingote fermée.

———

Les jupons faisant traîne et balayant les trottoirs avec un froufrou bruyant.

———

S'étaler sur deux chaises dans une promenade publique ou devant la porte d'un café.

———

Un homme poussant gravement la petite voiture dans laquelle repose le bébé endormi.

—

Le bon mari portant l'ombrelle de sa femme; le melon que l'on va offrir à un ami, le sac de cuir ou autre bibelot féminin.

—

Sont des ridicules courants qu'il faut éviter!

———

ÉPILOGUE

—

Et quand chacun des amis eut, comme nous l'avons raconté aux premières pages de ce livre, apporté son chapitre à l'œuvre commune; quand ensemble ils eurent revu, commenté et discuté l'ouvrage de tous, ils cherchèrent un mot de la fin.
Et ils revinrent à ce précepte de La Bruyère, qui est une leçon et un résumé:

« LA POLITESSE EST UNE SCIENCE PAR LAQUELLE CHACUN SEMBLE APPORTER UNE CERTAINE ATTENTION A FAIRE QUE, PAR SES PAROLES ET SES MANIÈRES, LES AUTRES SOIENT CONTENTS DE LUI ET D'EUX-MÊMES. »

FIN

TABLE

AVANT-PROPOS

PREMIÈRE PARTIE

LA POLITESSE DANS LA MAISON

DEUXIÈME PARTIE

LE ROMAN DE LA VIE

TROISIÈME PARTIE

DANS LE MONDE

OU SAVOIR-VIVRE HORS DE CHEZ SOI

APPENDICE

OU RECOMMANDATIONS GÉNÉRALES

Paris. — Imp. Vᵉ P. LAROUSSE ET Cⁱᵉ, rue Montparnasse, 19.

www.ingramcontent.com/pod-product-compliance
Lightning Source LLC
Chambersburg PA
CBHW070803290326
41931CB00011BA/2116